鹿児島大学島嶼研ブックレット

2

TOUSHOKEN BOOKLET

九州広域列島論

～ネシアの主人公と
タイムカプセルの輝き～

長嶋俊介 著
NAGASHIMA Shunsuke

● 目次 ●

九州広域列島論

～ネシアの主人公とタイムカプセルの輝き～

Chain of islands in the Wider Kyushu Region – The Chief Characteristics of Islands as Prominent Historical and Cultural Centers

NAGASHIMA Shunsuke

I　はじめに

日本は、島々データをきちんと持たないと、柳田国男が嘆いてから久しい。九州全有人島を、2度や3度でもなく踏破し、九州に住み、データ整理して、今あらためて痛感すること多々である。特にそれらが全国区的な巨大なまとまりであり、世界区的な存在感ある連なりであり、輝きを増し始めている歴史集積の列島であることを、改めて知って欲しいと思う。

島というと、孤立した存在だと思われがちである。島側でも、自分の島の中で完結した世界像を描きがちである。島はもとより相互に関わりあって存在する。九州の島々はさらに列島性に特徴がある。近年に至り「離島化」で対岸とのみ関わり始めた。異質と交わり、つき合う、そして「本土」をも巻き込んだ相互スパイラルの中での島の発展が望まれている。そのためにも過去の列島的存在事実からの学びが必要で、それは未来にも通じる。

サブタイトルとして「アイランド・イニシアティブ」「歴史・未来を繋ぐ弧状回廊」「タイムカプセル・ネシア」等の候補があがった。「弧状列島」は、台湾から韓半島まで連なる三国・地域とその先を結ぶ橋梁としての存在である。「ネシア」は島が集まってつくられる島社会のことである。この島々の連なりを眺める時、過去の輝きが今改めて未来資源に橋渡しされ始めていることに気づく。世界基準のエコパーク・ジオパークあるいはラムサール条約保護地、世界遺産登録（一部候補）では自然・歴史・文化・無形文化財指定地がこの島々全域に列をなして連なっている。まさに「活きたタイムカプセル宝庫」群である。

広域列島は、九州の宝であるだけでなく、九州全土を巻き込み、国内全島嶼をも代表し、島嶼国日本をすら牽引する存在となる可能性を秘めている。環境・癒し・スローライフ・LOHASが注目される現代にあって、従来本土から物質的豊かさや、生活の利便性・効率性の側面から遅れたものとみなされてきた島々での暮らし観が変わった。むしろ一周遅れのトップランナーである。国づくりの新経路はこの島々の再生から始まるといっても過言ではない。その潜在力の開花と具体化のためには、知力・実践力・連帯力を総動員してかかる必要がある。それに寄与・関与・貢献する人々・技術・システムの登場と、「ネシアの主人公」振りに期待したい。

本書は島人鼓舞を企図したものでもなければ、島学を志す人たち向けの原論書でもない。純粋に九州・沖縄の「島々の連なり」を眺めてみたものである。現場に立つほど見えてくる世界が加わり、深まる。まだまだ書ききれない豊かさが島々にはある。

紙幅の都合で、今回は概観に留まった。ブックレット故の制約というもどかしさも多々ある。

別の機会に文献考察や写真・資料等も加えて詳論したい。大学退官を前に、このような執筆機会を与えてくれた、鹿児島大学国際島嶼教育センター関係各位に感謝したい。

二〇一四年一二月吉日

Ⅱ　九州広域列島

【九州広域列島】九州地方（九州・沖縄と同義語）」から「本土」である九州本島を除いた島々を総称する用語は今までなかった。そこで作ったのがこの九州広域列島という用語である。単に九州・沖縄列島とすると、どうしても九州本島を中心とするイメージが強くなる。本島の存在感が重すぎると、九州地方の島嶼群が本来もっている洋い海域感も失せてしまう。本島周辺の島々の主人公性も霞んでしまうだろう。南に連なる島々、とりわけ奄美・沖縄とその主人公性が表に出にくい。彼らの多くは九州島の属島であるという意識は持っていない。連なっているとはいえ九州本島との距離も近くない。そこで「九州広域」の列島とすることで、広大な海域に延々と連なる島々と、本土周辺の島嶼との連関表現を意図した。

【九州ネシア】ネシアとは島の大きな集合体で、それなりのまとまりがあるものをさす。いわば広大な島社会のことで、インドネシア・トライネシア（ミクロ・メラ・ポリネシア）・マカロネシア（大西洋マディラ諸島・カナリア諸島・カーポベルデ諸島）等がある。ここでは列島と本土からなる九州地方を「九州ネシア」と呼ぶ。九州も島であるという認識が前提となるため、単に九州・沖縄列島と呼ぶ場合に比べて、島々の存在感が出やすい。時に琉球単独でもネシア視される。作家で鹿児島

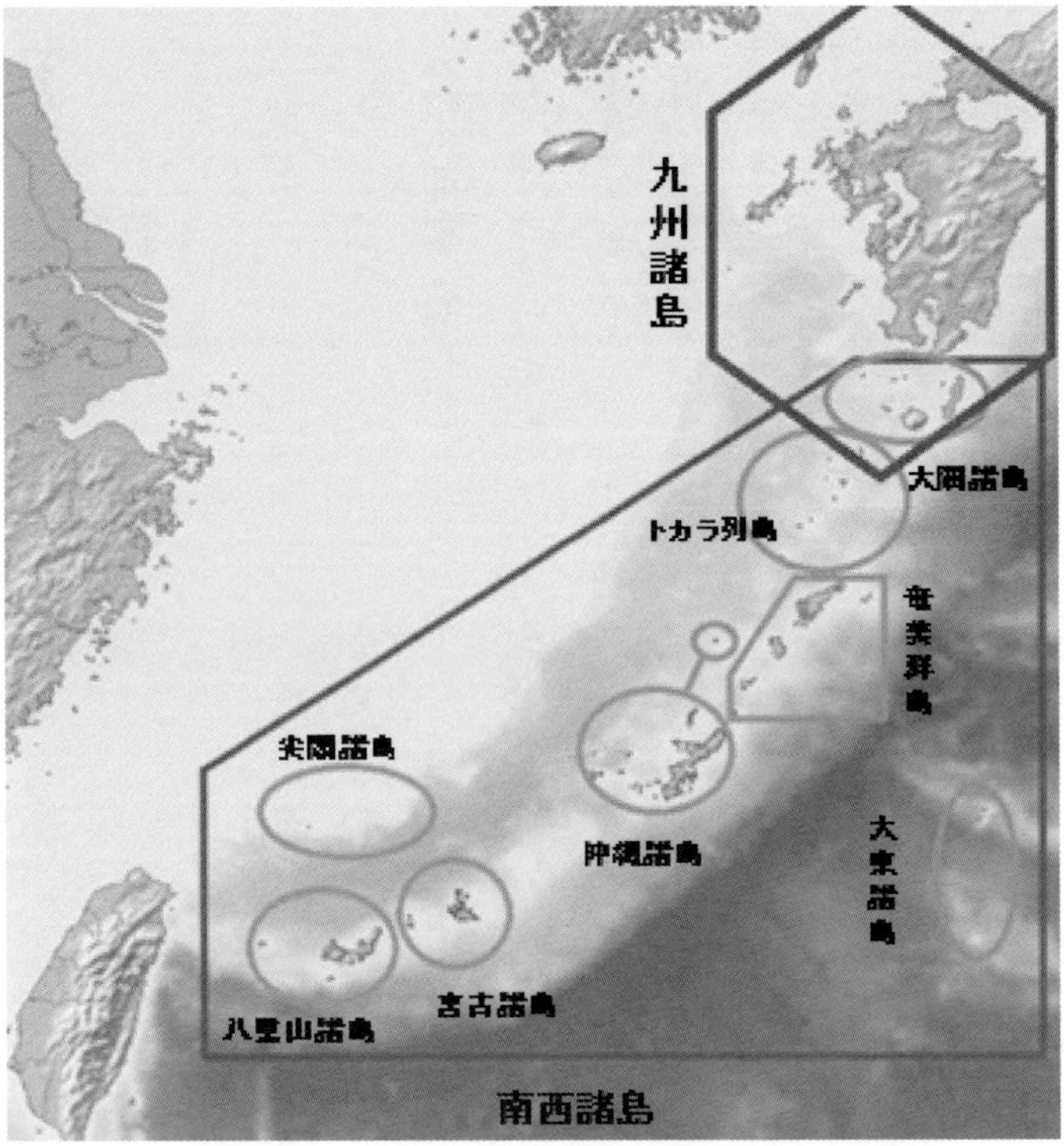

図1　九州広域列島構成諸島名

（九州諸島はトカラ列島渡瀬線以北も含むものとして作図）

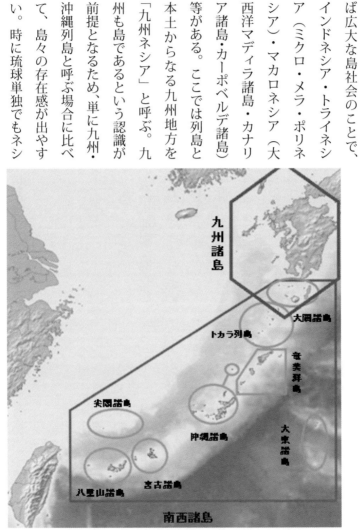

県立図書館奄美分館長を務めた島尾敏夫は中央史観的視座転換を目的に、日本列島全体をヤポネシアと呼んだ。九州ネシアもまさに多様性・重層構造的な島連なりである。

【島嶼・離島とイニシアティブ】「広域」という言葉は、奄美群島内に於いては、なじみ深い言葉である。奄美広域事業組合とは、群島内の全市町村が共同事業を行うための組織形態である。

「島嶼」は沖縄・奄美では、苦い記憶を呼び覚ます言葉でもある。明治後期市町村制制定の時に、本土とは異なる「島嶼町村制」とされ、遠隔地例外を押し付けられた。無論対馬・隠岐・伊豆・トカラ（現三島・十島）等でも同様であった。その苦さは近代化プロセス途上の遠隔地問題として、検証が必要なテーマでもあり続けている。沖縄基地問題も最近までは、同等に逆特例的展開であった。

「離島」認識にも心重くなるものがあった。一九五三年制定の離島振興法では「本土より隔絶せる離島の特殊事情よりくる後進性」と、第一条に規定されている。以来五十年変わらずその条文は存在した。「離島」は「マイナスイメージ」を背負った用語として機能した。一部旅行者はそれを求めてもいた。一九七〇年代第一次「離島」ブームのコアの一つにはまぎれもなく「遅れた・不便な・気の毒な場所」への訪問・見聞のそれがあった。

それに対抗して、隔絶・環海・狭小で特徴づけられる島らしさの長所を、むしろ積極的に展開するためにも、「島嶼」がニュートラルな響きのある言葉として用いられるようにもなった。島嶼という用語であれば、近接の島々・小さな島々・大きな島々・無人島・湖中島・川中島・架橋島・人工島、すべてひっくるめて議論することができ、遠隔地性・隔絶性を相対化できる。その学会組織を離島学会とせずに島嶼学会としたのもその意図であった。

このような認識とは別に、「島嶼」は東京諸島（伊豆諸島・小笠原諸島）等では日常的に用いられている。島民の準公的宿泊施設は島嶼会館、東京都島嶼振興公社、東京島しょ農業協同組合もある（「JA東京島しょ」とも略す。二〇〇一年小笠原諸島・伊豆諸島6農協が合併。二〇一一年八丈島に本店を移した）。島嶼診療所もよく聞く。最近では島側から「離島」も前向きな言葉として使われ始めている。奄美の人々が自分たちの住む所を離島といっても、そこに格差を感じさせるような響きはなく、単に本土との距離を示す語でしかなくなりつつある。

世間の受け止め方も変わってきている。離れている島があることで、EEZ（排他的経済水域）や環境管理拠点が広大に確保できることからも、離島に対する認識・関心度合いや、政治的ポジションが異なってきた。遠い島も、いまでは飛行機や高速船で容易かつスピーディに訪れることができる。光通信も整備されEメールも不自由なく使える。Iターン（外部地域からの移住者）選択を可能とするほどに、また水洗トイレも道路も医療・福祉・教育も相対的問題と捉えられるほどに、考え方によっては「格差」ではなくなりつつある。「離島」観光者・リピーター目線も変わった。癒し（アイランドセラピー・タラソテラピー）にグリーンツーリズム、スローフードや島独自のレジャーやスポーツ、島の景観・自然・歴史・文化に関心を持つ人が増えてきた。彼らは「離島」に、好感と憧れをすらもっている。

これからの島の未来には、島人とそのサポーターによる、アイランド・イニシアティブの形成可能性もある。島（九州広域列島）を大事にすることが、本土（九州全域）を豊かにする構図である。グローカル（Ｇｌｏｂａｌ＋Ｌｏｃａｌ）な展開次第では、島への愛が本土、国、ひいては地球全体の未来をも救うかもしれない。

【南西諸島・琉球ネシア】「南西諸島」は九州南端から台湾にかけて位置する島嶼群とされる。「南端」とすることで文化圏・生物相が異なる大隅諸島も含めている。因みに「南西諸島」は狭義には、離島振興法指定地域である三島村・十島村、すなわち旧十島《ジュットウ》村の島々の呼称でもある。

この広域の南西諸島という名称はもともと地理学や地球科学の専門用語ではない。水路部（現海上保安庁）が一八八八年から海図に用いたのが最初の使用例で、陸軍も一九三七年から陸図に記載を始めた。いわば軍事・海上警備用語としての来歴を持ち、一般には知れられていない、限られた組織で使われた用語で、大戦開始後に多用されることとなったものである。

その後、米軍統治下の琉球政府でも、復帰後の沖縄県公文書でも使用例はほとんど無かった。沖縄側から積極的に用いる動機はそもそもない。琉球の存在感が消えてしまう。ただ、先島・沖縄・奄美・トカラ・大隅諸島のつながりが見えてくる名称は、それはそれとして捨てがたいものがあった。琉球・沖縄からの島繋がりを示す確定した用語も無かったこともあり、沖縄返還前の一九六五年「地名等の統一に関する連絡協議会」で使用に関する合意がなされ、陸図・海図の正式名称となった。世界自然遺産登録に向けた動きが開始された時も、「南西諸島」という名称が公然と半ば政府から押し付けられる形で用いられた。その対象が、西表島・沖縄本島北部・徳之島・奄美大島に限定されてくると、違和感・国内外への分かり易さから、「奄美・琉球」が用いられることになった。

「沖縄諸島」は、本島と周辺の島々に加えて大東諸島・硫黄鳥島も含む。「琉球諸島」は、宮古諸島・八重山諸島と沖縄諸島とする定義が一般的であるが、学術的には奄美群島を含めたり、沖縄諸島中の大東諸島・硫黄鳥島を含めなかったりもする。「琉球弧」は大隅諸島から台湾までも含み用いられることもある。「琉球列島」が南西諸島と同義とされる場合もあるが、大東諸島及び尖閣諸島の扱いが、植物相的には問題なくても、生物地理的には時として問題になる。またトカラ列島中にある分布境界線（渡瀬線）以南の琉球列島生物相と、以北の「本土生物相」にこだわると、琉球列島認識の統一性にほころびが出てくる。しかしながら、本書では、むしろこの非排除性《ぼかし》・多様性・連続性こそを大切にし、広義「琉球ネシア」にあるものとして認識したい。

これらの議論に倣い、「九州諸島」（これも新たな名称になる）をトカラ列島渡瀬線以北の島々としてここでは定義しておくことにする。また大隅諸島を含むそれ以北の島々、ただし九州島を除くものについては、本土との直接的な関わり合いの強さ、具体的には取分け近年の対岸域（九州本土）との文化や交易における強い連関性、すなわち属島的認識を受け入れて便宜的に「九州群島」という言葉を用いる。やや紛らわしいがかもしれないが、その用語の違いはトカラ列島北部の組み込み方の違いであり、「九州諸島」は同地域を含み、「九州群島」は同地域を含まない。それ程にトカラ列島は境界域的に重要である。

「九州群島」は、九州西域の多島域、九州東側の島嶼群、松浦半島を取り囲みその周辺から北や東へと連なる島々をも意識した表現である。北九州沖ノ島は特異に離れているように見えるが、宗像大島・大社との直線状の聖地として、本土との連関性を保っている。

【広域の海域】亜熱帯から温帯の推移域に、連続性と多様性のある島嶼群が存在することは、自然科学的・生態系保全的にも、資源利用・産業展開の視点からも、文化社会の多様性観察・調査拠点としても、魅力的な地域と言える。広大な海域があり、海底の地形が島の形成ともかかわる。火山列や、海進海退（海水面の数千年単位での上下動）の影響は植物や動物の分布の境界線も生み出す。資源開発も含めて大きな研究需要のある地域である。

それらを一繋がりの島々とする視座確立の現代的意味も多々ある。この広域列島の長さ、大きさ、地理、歴史、文化、社会、生態系等について概説的に以下纏めてみる。

Ⅲ　九州広域列島：島数・面積・人口の基本統計

【島の基本統計】島の数の基本統計が整備されたのは最近のことである。調査自体始まったのも戦後である。ＧＨＱ覚書一九四六年一月二九日「特定領土の日本からの行政分離に関する件」で施政権が限定さ、外務省が海上保安庁水路部に依頼。ようやく島数調査が始まった。結果、内海島・港湾内島を含む２３９４＋α（うち外海島１０２５島）という報告がなされた。一九五七年東京大学地理学教室に事務局（担当山階芳正）を置いていた「島嶼社会研究会」の調査では３６３９島。柳田国男は、元農商務省等の幹部であり、大正九年奄美・沖縄調査で『海南小記（後の「海上の道」）』を記し、昭和初期の研究誌『島』、戦後も『離島生活』研究を牽引してきたが、このような状況に対して「いまだ海洋国家にふさわしい調査がなされていない」と遺憾の念を強く表した。

一九六五年離島振興・研究の父宮本常一を筆頭とする「日本島嶼誌編集会」が『日本島嶼誌』全国離島振興協議会（離島市町村の組織で宮本が初代事務局長兼務）を刊行。離島振興法指定外のものも加えた島のデータが全国各自治体の協力でまがりなりにも出来上がった。貴重なデータではあるが、有人島ですら全島を網羅してはおらず（60％程度）、微小属島等には編集の手を伸ばせなかった。

一九六九年「海図上の岸線0・1㎞以上の0・1島について海上保安庁水路部が調査したもの」3922島が公表された。その後一九七三年六月西ノ島新島誕生時等に触れての変更や追加も加えられず、個別島名の公表もない。

面積1㎢以下の島（例えば0・0001㎢のものも含む）について、名前・面積・場所等を特定した資料の公表は、日本離島センター（全国離島振興協議会の直接関連機関である）による『日本島嶼一覧［改訂版］』一九八二年が初めてのことになる。4917島について掲載。人口・無人島化年・架橋年等も備考欄に記載し、いまなおほぼ唯一の詳細データである。

【現在の島数】現在6852が公式の島数とされている。一九八九年九月総務庁統計局編『第39回日本統計年鑑』「国土構成島数、面積及び周囲」のページに「海図上の岸線0・1㎞以上の島

表1　日本の島数

地域	構成島数 (%)	島嶼周囲[a] (%)	本島周囲[b]	a / b	島嶼面積[c] (%)	本島面積[d]	c/d(%)
北海道	509 (7.4)	1,701 (11.6)	2,676	0.64	5,447 (33.3)	78,073	6.9
北方領土	178	1,473 (10.1)	2,448	0.91	5,036	78,073	6.5
(北海道＊)	331	228 (1.6)	228	0.09	417	78,073	0.5
本州	3,914 (46.4)	4,452 (30.4)	10,084	0.44	3,676 (22.5)	227,414	1.6
四国	626 (9.1)	1,190 (8.1)	2,091	0.57	552 (3.4)	18,256	3.1
九州	2,160 (31.5)	6,155 (42.1)	3,888	1.58	5,609 (34.3)	36,554	15.3
沖縄	363 (5.3)	1,151 (7.9)	501	2.31	1,070 (6.5)	1,185	0.9
九州広域列島	2,522 (36.8)	7,867 (53.7)	3,888	2.02	7,864 (48.1)	36,554	21.5
(九州広域列島＊)	(37.8)	(59.7)			(72.1)		
全国	6,852	14,649 (100)	19,240	0.76	16,352 (100)	361,483	4.5

（島嶼は本島を入れない数値。＊は北方領土を除いた場合。周囲の単位はkm、面積の単位は㎢。国土地理院『全国都道府県市区町村別面積調』、全国離島振興協議会『離島振興30年史』1990年、内閣府『北方領土の姿』2014年から作成）

について海上保安庁水路部が一九八六年調査したもの（ただし北方領土については一九六九年調査）」とする数値である。相変わらず島名の特定はない。都道府県別（北海道は北方領土分内訳、瀬戸内内外に島ある県はその区分数、島が２県にまたがるものは島名と）数値のみが公表されている。島と数える基準は、最大縮尺海図と２・５万分の１地図で、①満潮高水位１ｍ以上のもの、②周囲０・１㎞以上のもの、③橋や防波堤などの細い構造物で繋がっているもの、④幅が広くつながっていて本土と一体化しているものや埋立は除外、⑤北方領土については別基準で面積１㎢未満の小島は加えない。③は今では島の認識から除外される場合が少なくない。また離島振興法指定の島嶼が③に変更される場合は、「離島卒業生」と

表２ 九州広域列島島数・面積

県	島数 (%)	1㎢以上	1㎢以下 (%)	島嶼面積 (%)
沖縄	363 (14.4)	93	270 (74.4)	1013.27 (19.8)
鹿児島	605 (23.9)	74	531 (87.8)	2485.31 (48.6)
宮崎	179 (7.1)	11	168 (93.9)	5.16 (0.1)
大分	109 (4.3)	20	89 (71.7)	17.46 (0.3)
熊本	178 (7.1)	48	130 (73.1)	20.69 (0.4)
長崎	971 (38.5)	215	756 (77.9)	1552.95 (30.3)
佐賀	55 (2.2)	14	41 (74.5)	10.96 (0.2)
福岡	62 (2.5)	16	46 (74.2)	13.25 (0.3)
計	6,852 (100)	491	2,032 (80.5)	5119.05 (100)

（離島統計年報 2012 年より作成）

して指定解除されるのが通例である。その後は半島振興法対象として顧慮される。

【架橋島】九州広域列島の認識に於いては、架橋島を排除する必要は全くない。島嶼の多様性のひとつとして、橋が架かっても、島らしさや、離島時代の文化的・社会的・島アイデンティティの記憶は排除できない。むしろ、島個性に架橋による利便性が加わったものとも認識できる。その意味ではポジティブな島空間でもある。天草諸島多島域が、そのまま列島つながりの西九州の島嶼中心域として再認識される時、輝かしい過去が、列島的連鎖として蘇ってくる。それは列島的連携のルネッサンスとしての新展開を約束するものともなる。そのデータも後で見よう。

【島数その後の展開】一九九一年に日外アソシエーツが『島嶼大事典』を刊行し、４９５０島具体名を公表した。島事情を付記している。部分的に陸続きになった島、湖の島も収録しているが、河川内の島・本土と一体化した島・人工島を除いているというよりそもそも調査していない。ほぼ全面的に『日本島嶼一覧［改訂版］』に依拠したものである。

一九九五年日本離島センター監修・菅田正昭編集『日本の島事典』（三交社）では４９１８島を取り上げている。上記記載のものから湖中島等を除いていたものである。離島統計年鑑（日本離島センター刊行）などのデータをいれ、『日本島嶼一覧［改訂版］』に西ノ島新島を加えたものを刊行している。本格的な追加調査がなお必要とされている。

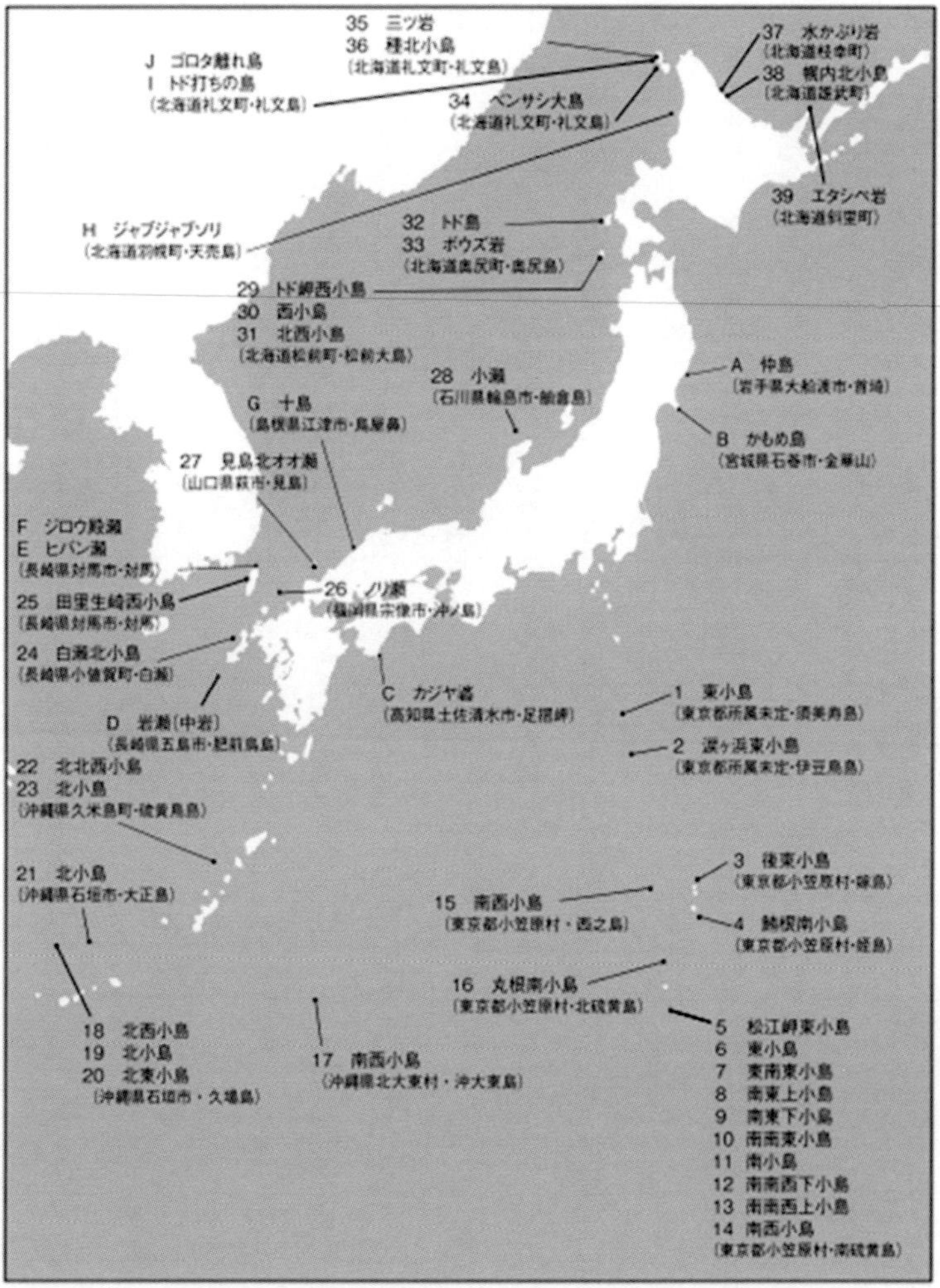

図２　地図・海図に名称が記載されていなかった

EEZ 外縁を根拠付ける離島 49 島位置図

（季刊「しま」日本離島センター、229、142、2012 年）

島毎の地図情報も含めたデータが『シマダス』として日本離島センターから刊行されるようになるのが一九九〇年代である。次第に自治体の全面的協力のもと正確で幅広い情報を加えていく。一九九八年第一刷『日本の島ガイドＳｈｉｍａｄａｓシマダス』がその到達点になる。湖中（有人）島も（離島振興指定になり）掲載された。第二刷は二〇〇四年に刊行された。ただし無人小島の詳細はいまだに掲載されていない。

政府が名前を特定せず公表してこなかったことについては、一定の政治的利益があったものと思料される。細かな岩群れ状のものの周囲１００ｍ（もともと便宜的基準に過ぎない）認定は実際のところ、線引きが難しいと関係者はいう。今後に検討余地を残したともいえる。争いがあればそれを部分的に議論すればよい。対象＝島状地は動かずそこにある。

最近では対応を異にし始めている。境界離島や排他的経済水域ＥＥＺ「基線」の島々については、積極的に内外に公表する政策をとり、名前の無いものには名前を付けたり、誤解されないように岩という名前を島という名前に変えたりしている。図２のように九州広域列島内では11島が新たに名を得ている。

【名無し島外国事情】名前の無い小島の存在に、驚く方がおられるかもしれない。一九九五年国土庁離島振興課「インドネシア離島振興状況調査」に筆者が団長として参加した時、内務省が各自治体に問い合わせ、調査を進めていた。この時インドネシア全体で17580島（一九八〇年代13677島）。暫定数ではあるが、うち有人島1945、名有る無人島369。逆算すると、名無しは11941島、全体の68％にもなる。「群島国家論」でEEZ外枠論を主張し、島の認識において国際的にリードしていたこの国にしてこの事態である。これには当時相当驚愕した。現在では群島外枠基線を認められているので、国益を懸けて、境界島確定が進んでいる。「海は陸と連続した空間」とする認識がもともと地元にはあり、入会地的共同利用事例も多く、私有や権利こだわらないほど身近な存在であることも背景にあるのかもしれない。フィリピンでも似た状況と聞いた。それが「当時の国際常識」に近かったかもしれない。島の把握（領有主張）競争は、国際政治における緊張を背景に、最近にわかに始まったに過ぎない。

【九州広域列島の島数・海岸線】九州広域列島は、全国比でどのくらいのウエイトを占めるか。九州地方の島数の多さはもともと知られていたが、表1のように、九州広域列島のみで国の37％を占める。島嶼周囲すなわち海岸線では国の半分以上、北方領土を（入れて53・7％）除くと59・7％を占める。面積でもさらに驚くべき数値となる。千葉県の広さのある北方領土を（入れて48・1％）除くと72・1％にも達する。海岸線の長さは、それだけ海洋環境・海洋公園・海洋観光そして水産資源と関わり合いの強い場所であることを示す。島嶼国日本全海岸線の23・2％、九州本土対比では2・0倍を九州広域列島海岸線が占めていることになる。島嶼部性（海岸距離÷面積）は自然災害や海洋資源利用指標として重要であるが、本土対比では全国離島では16・9倍、九州広域列島では沖縄本島を入れるので9・4倍、沖縄本島・沖縄離島では25・7倍、九州本土（沖縄県外）離島対比10・3倍という数値である。沖縄の島々の真離島（特に環海）ぶり、九州の中規模・大規模離島の存在感がその数値にも表れている。

【本土との面積比率】本島（本土）面積と島嶼面積の比率が最も高いのも九州地方になる。九州広域列島は21・5％と唯一桁違いの数値を示す。九州島とその周辺（つまり沖縄県を除いた数値）でも15・3％と高い。他は1桁台で、九州地方は全国屈指の「多島域性」を持つ。しかもそれらの島々は分散しているのではなく、列をなして繋がっている。そこに歴史的文化的連関性・産業的有用性・競争的個性・一帯性の中にある多様性・競争的個性が培われる足場が存在している。

【県別数値】九州地方内を見ると、数も面積も西側に多い。島数では南域2県（沖縄・鹿児島）38・4％、西域・西北域3県（長崎・熊本・佐賀）47・7％、東域・東北域3県（福岡・大分・宮崎）は13・9％となり、南から九州本土西域に連なる島々が86％を占める。県別では長崎県が1000に近く圧倒的で、鹿児島・沖縄を合わせた数に匹敵する。沖縄県は全域島嶼県であり、熊本天草は多島域を形成している。鹿児島県離島総面積（奄美大島・屋久島・種子島・徳之島等を含む）は、沖縄本島を含む沖縄県全面積を上回り、こちらもまた全国屈指の島嶼県である。まさに九州広域列島は、行政上も一大連続島嶼圏単位をなしている。因みに日本一島数の多い市は対馬市で１６０（属島総面積は12・32㎢）である。

【小島島数】島数に占める１㎢以下０・１㎢以上の小島比率は、南東の宮崎94％、鹿児島88％が著しく多いのに対して、他の地域は（大分の82％を別にすると）78～73％程度である。０・１㎢以下といっても有人島もある。日本一小さな有人島は蕨小島（長崎県久賀島属島）で、０・03㎢。二〇一〇年国勢調査では４世帯９人である。

小島の数え方についても、多様な認識がある。面積・海岸線だけで岩と認識したくないとする意見もある。日本百景に指定されている佐世保市九十九島の「数調査研究会」が「自然に形成された陸地で、高潮時において、水面上にあるもの」「潮間帯より上に植生が認められる」ものについて島として、現認すると２０８にもなった。この数字は一九五三年長崎県発行『西海国立公園候補地基本調書』で５万分の１地図を根拠とする北九十九島１１５、南九十九島90計２０５に近い数字になっている。定義変更（有用性）と現認で３島追加となった。

「新」日本島嶼一覧が公的に必要な時代が来ている。九州広域列島自体も、その学術的・行政的・政治的な調査と結果開示を必要としている。昔とは異なり、現地で３Ｄ立体映像を通年で作成したり、海底地形や植生調査、同動態調査結果を添えたデータベースを作成したりすることも可能である。そのGPS記録は、地盤移動・地殻変動の統計や、地震予知と結びつけ、その予知・観測ネットワークともリンク可能となる。実際に行ったり記録化するには地元自然科学者の技術と協力が欠かせない。台湾でも戦前の統計しかなかったので、近年、高雄科学技術大学等が協力して、島統計の作り直し作業がなされた。

【有人離島】九州広域列島中の有人離島数は、日本離島センター『離島統計年鑑』二〇一四年掲載の有住民登録島３０５に対して１５１と全国の半分に達している。県別では、福岡8、佐賀7、大分7、宮崎3、長崎53、熊本6、鹿児島28、沖縄39となる。沖縄・鹿児島・長崎県だけで１２０とその8割、全国比でもこの３県で4割である。３県には3つの島嶼振興法（沖縄・奄美・離島）が適用されている。時に離島振興法内位置づけがしばしば（長崎県贔屓者から）論じられる。異なる法体系毎に内籠りするのではなく、８県を結んだ九州広域列島として、島嶼振興・海洋政策・島嶼交流の、相互に中心核であることを自覚した、広域展開に期待したい。

【人口】二〇一一年四月一日現在の住民基本台帳登録人口は、九州広域列島総数１７４万人、内74％が沖縄本島１２８万人、26％が九州本土域離島46万人である。全国離島に占める九州本土域離島は70％と圧倒的である。沖縄本島と全国離島を合わせた１９３万人に占める九州広域列島比率も90％と圧倒的存在感である。

ただ本土人口に占める離島人口比となると途端にマイナーになる。架橋で指定離島から除外されていくことも与かっている。二〇一一年全国民統計中の離島人口は0・05％である。沖縄本島を加えても1・52％である。九州広域列島つまり九州本土離島＋沖縄県人口では1・47％である。ところが九州地方県内離島人口の比率では、3・13％と様相を異にしてくる。鹿児島・長崎・沖縄の3島嶼県では、ほぼその1割が離島人口で、意外にも鹿児島が最も高い。架橋島を入れれば熊本も同様の数値かそれ以上が想定される。島

表3　九州広域列島・全国離島人口比

県	離島人口	全国比 (%)	県人口比 (%)	全国離島＋沖縄島
沖縄	131,101	20.2	9.27	
鹿児島	172,034	26.5	10.04	
宮崎	1,163	0.2	0.11	
大分	4,726	0.7	0.39	
熊本	3,903	0.6	0.21	
長崎	141,043	21.8	9.79	
佐賀	2,047	0.3	0.24	
福岡	2,604	0.4	0.05	
計	485,621	70.1	3.13	26.3
全国離島	648,349	100	0.05	37.2
沖縄島	1,282,482		90.73	62.8
九州広域	1,741,103		1.47	90.1
全国離島＋沖縄島	1,930,831		1.52	100

（住民登録人口 2011 年 4 月 1 日。日本離島センター『離島統計年鑑』2014 年、総務庁『住民基本台帳に基づく人口、人口動態及び世帯数』）

嶼人口比の高い地域が西側に列をなしている。

【架橋島】離島卒業生も島嶼と認識して、島おこし連携のパートナーとして加わっていただくうえで架橋島データの確認も不可欠である。瀬戸内特に広島に架橋島が多いが、九州もまたある意味それ以上である。

長崎県は本土との架橋島・埋立島の数が実に多い。法指定有人離島54、二〇〇五年四月一日住民登録人口155614人に対して、法定外有人島嶼が19島、43888人である。架橋島を島嶼認識の中に加えると、途端に人口にして3割増し、島数にして35％増しになる。その後さらに二〇〇七年鷹島架橋・二〇一一年伊王島架橋が実現している。いわゆる離島架橋（として国策対象になったもの）以外も含めると九州全域でさらに圧倒的数値となる。

日本島嶼一覧で数えて行けばその詳細と実態はすぐに明らかになる。現今の事情について、自治体の追加協力が得られればさらに完全なものになるだろう。場所さえ確認できれば海中と異なり現状認識も困難ではなく、正確にできる。有名な青島（宮崎）や志賀島（福岡）の例を引くまでもない。一九八二年以降についても、国策架橋事業を追うことで捕捉できる。同様に人工島・埋立島・運河島・川中島・湖中島も、島嶼仲間に加えてよい。

離島架橋について最新情報も加えて、表4にまとめた。122島は全有人離島数の3割にも相当する。「離島」を「卒業」しても、島嶼振興に踏みとどまってもらうことで、島国日本の振興は多様性と賑わいを失わない。むしろ「利便性の増大した島嶼」が加わることで、親島空間増大が期待できる。それは日帰り観光のビジネス機会増大にもなる。一方、島らしい島を求めての親「離島」度増大ともなり離島と競合しない。

【沿島橋・沿陸橋】韓国語では島同士の橋を沿島橋、本土との橋を沿陸橋という。島と島を繋いでそのまま本土に行ける島も瀬戸内海を中心として実に多くなっている。中国・四国というくくりでみると、46島の内97・8%が本土まで、

表4　架橋島嶼

県	架橋島[a]	全国比 (%)	建設中	沿島橋	沿陸橋[b]	b/a(%)
沖縄	18		1	7	11	38.9
鹿児島	7		1	3	4	42.9
熊本	17		1	2	15	11.8
長崎	27			15	12	55.6
佐賀	1				1	0.0
計	70	57.2	3	27	43	38.6
四国計	17	13.9			17	0.0
中国計	29	23.8	1	1	28	3.4
近畿計	2	1.6			2	0.0
関東計	2	1.6			2	0.0
東北計	2	1.6	2		2	0.0
合計	122	100	6	28	94	23.0

（国策事業等として実現した架橋化島嶼に限定している。 前畑明美『沖縄島嶼の架橋化と社会変容～島嶼コミュニティの現代的変質～』お茶の水書房、2013 年）

時には県境を越えて、直接車で行ける。

全122島の57％が九州域に属し、架橋問題もまた九州そのものの中核的な話でもある。九州域の36・8％が島内部の橋（沿島橋）で、五島列島の島々に多い。甑島も現在建設中のものが繋がると、旧4村を繋ぎ、列島内広域化が実現する。この工事計画決定がもっと早かったら平成の大合併は、別の展開をしていたかもしれない。五島列島も列島内一体化（台湾膨湖諸島ではすでに実現している）の実現に向かって動いている。世界遺産効果と相まって新しい国際級観光動線が島内にも形成されることになる。

九州広域列島の西部域は、広域内連結一帯化が、すでに先行している。天草多島域連結・九十九島カヤックとクルージング・甑島列島一体化連結・五島列島一体化連結・長島諸浦島加唐島連結等とで、新景勝地観光ゾーンとして、新たな中心を形成していくことになる。

Ⅳ　海域ポテンシャルと島の存在

～広さ・繋がり・資源・役割～

【二大広域海洋域】九州広域列島の島々の広がりとその海洋の洋がりを、正確に知る人は稀である。同様に、東京都が「最大海洋自治体」であることもあまり知られていない。東京都は我が国領海の12%、EEZ（排他的経済水域）の45%を占めるとされる。都道府県別EEZ寄与統計は開示されていないが、図3で判断するに25%程は寄与していると思われる。二地域で70%という圧倒的二大海洋域である。

　両海域とも南北に洋い。亜熱帯域から温帯域まで連続的推移域を、列島として抱える。世界的にも稀で貴重であ

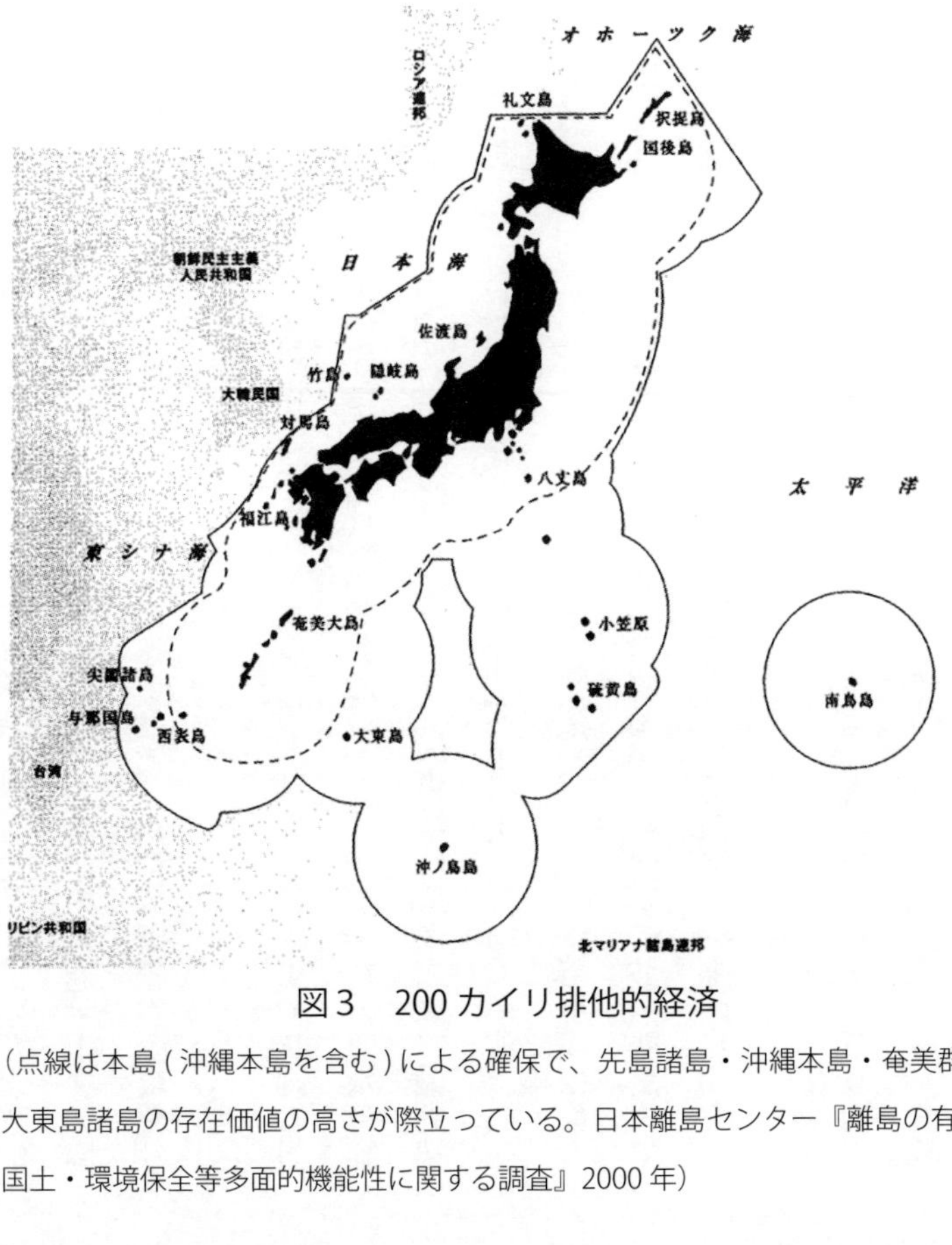

図3　200カイリ排他的経済

（点線は本島（沖縄本島を含む）による確保で、先島諸島・沖縄本島・奄美群島・大東島諸島の存在価値の高さが際立っている。日本離島センター『離島の有する国土・環境保全等多面的機能性に関する調査』2000年）

る。地球温暖化の影響推移域、そのセンサーゾーンとして、学術研究の蓄積と情報開示が世界的意味を持つ。沖縄・奄美・小笠原は、亜熱帯産業・自然研究・ツーリズムなどの共通テーマで協働し、その成果を熱帯や温帯推移域の産業等に向けて全展開することで、飛躍的国際貢献に繋げていける、その潜在性を持つ海域である。

【九州広域列島の広がり】地域の広がりを具体的に捉えてみる。最北端は、韓国まで40㎞の対馬海栗島の北に、三ツ島・高ノ島・北ノ手の先にある韓崎《からざき》島である。一九〇六年最初の潜水母艦名として採用されたほどに、国益的に重視されてきた小島である。最東端は豊後大島。最南端は（国全体の有人島最南端でもある）波照間島。そこは無人島沖大東島よりも南である。最西端も全国最西端与那国島である。各地点の経度緯度を入れて距離を算定すると、緯度差は最大1157・6㎞、経度差は最大923・2㎞と南北に長い。北端の韓崎島から南端の波照間島までの直線距離は1286・7㎞（西端の与那国島までは1281・9㎞）。南西端の与那国島から南東端の沖大東島までの距離は821・9㎞とでる。

EEZ海域ではどうか。西は与那国島・台湾間半分の＋55㎞、東は北大東島から＋200海里＝＋370㎞、南は波照間島から＋200海里同。北は韓国間距離の半分の＋20㎞となる。東西1247㎞、南北1548㎞の洋がりが算定される。九州広域列島を要すれば、南北1200㎞

東西900㎞の中に、東北（西南）方向直線弦1300㎞の弧状列で連なり、南北1550㎞東西1250㎞の広域海域を抱える島群ともいえる。

基点に島を定めて考えてみると、列島の広がりがより想像しやすくなる。例えば折れ点として獅子島（鹿児島県北端）近辺を考えてみると、波照間島との緯度差が905・1㎞。与那国島との直線距離が1121・5㎞。獅子島から韓崎までの直線距離は265・4㎞。韓崎までの距離は、短いようであるが、天草群島・五島列島・平戸諸島・松浦諸島・壱岐・対馬と島伝いに進んでいけば、その行程はおそらく500～700㎞程にもなろう。

終着点・始発点を沖ノ島とみて、島伝いに進む道のりを想像してみるのも楽しい。文化と歴史の道の経路は、東回り経路と西回り経路ができる。そこを起点・終点とみれば与那国島から、驚くべきことに、1800㎞余の島連なり（海上の道）となる。

【東京諸島の海域追加】東京都の島々について筆者は一九八〇年代後半から公式の場で東京諸島名称提案をしてきた。この島つながりはほぼ直線状で説明しやすい。伊豆諸島から富士箱根伊豆火山帯に沿って測候所の在った鳥島（東京から581㎞）・嬬婦岩（＋64・5㎞）と南下。新火山島と繋がった西ノ島（父島の西130㎞）は嬬婦岩から続く線上にあり、そのまま南下して火山列島：北硫黄島・硫黄島（父島から275㎞）・南硫黄島に至る。小笠原諸島父島・母島は東京から１０５０㎞だが、東筋を少し離れて南下する列島。これに加えて南鳥島（マーカス）が硫黄島から東１１００㎞。沖ノ鳥島が硫黄島から南西６００㎞と実にシンプルである。この長大さと南鳥島・沖ノ鳥島2島の「孤立性メリット」（外国とのＥＥＺ接点も僅か）により広大なＥＥＺ（日本の陸域面積以上）がもたらされる。九州広域列島と南北はほぼ同じだが、東西が5割増しの横幅ある海域である。

これに最近沖ノ鳥島以北海域がＥＥＺとして追加認定された。これで沖ノ鳥島が「島」と「国際的」に認知されたとみる人もいる。ＥＥＺはもとより領海基線からの２００海里（約３７０㎞）内側であるが、さらに海底地形・地質的条件を満足すれば最大３５０海里（約６５０㎞）まで延長できる。沖ノ鳥島は周辺にマリアナ諸島以外に島嶼が存在しないため、広大なＥＥＺが設定されている。沖ノ鳥島と紀伊半島の間約６００海里には島が存在しないため、沖ノ鳥島北側に四国海盆海域と呼ばれるＥＥＺ空白域があった（図４参照）。この海域を含む4地点が、国連の大陸棚限界委員会により、二〇一二年四月二七日日本の大陸棚として認められた。沖ノ鳥島ＥＥＺはもともと日本国土面積の82％相当の存在であった。今回新たに認められた31万㎢は、日本国土面積の約8割に相当する。なお沖ノ鳥島南域の約25万㎢は政治的判断が働いたのか審査先送りとなった。

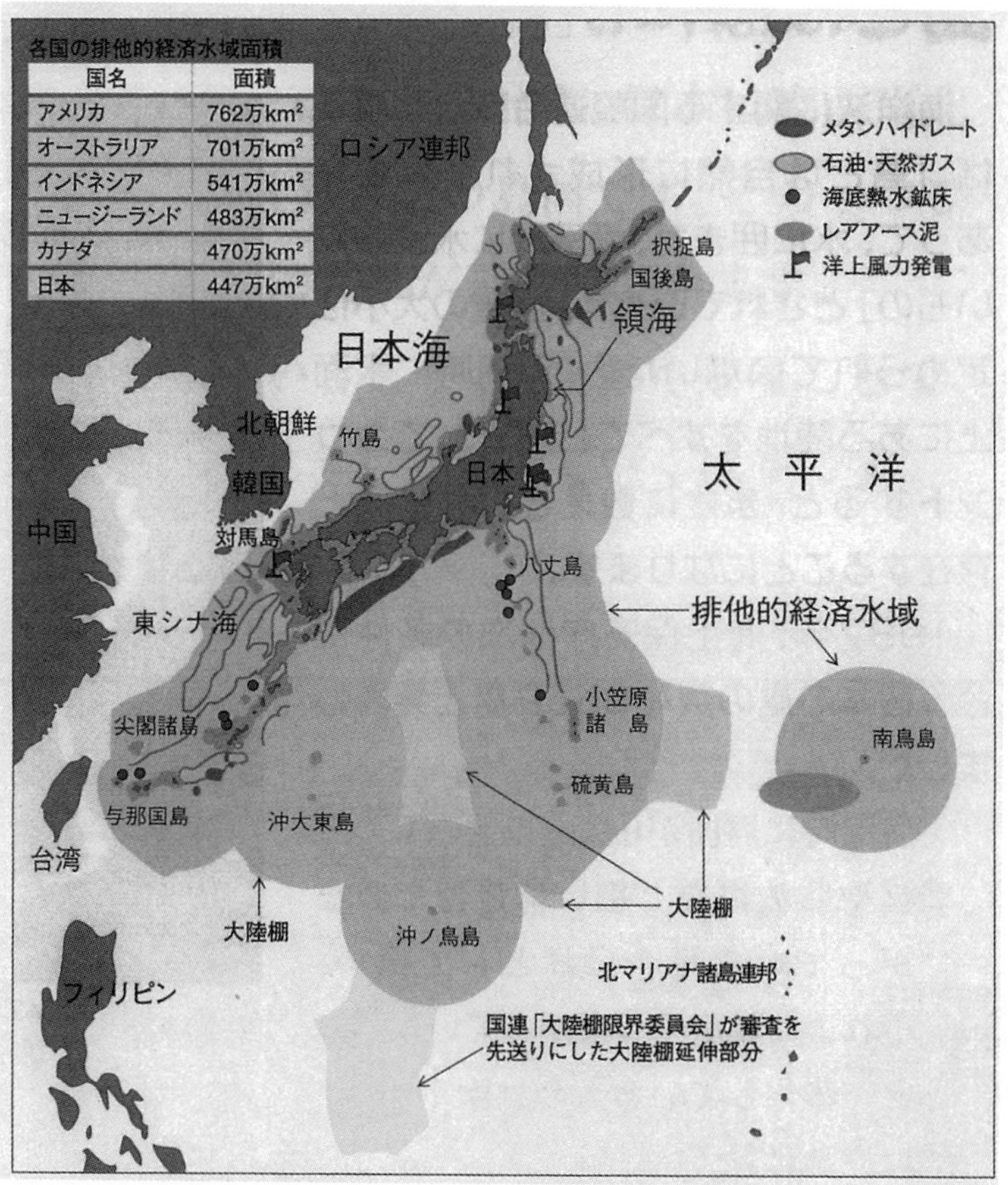

図４　拡大が認められた大陸棚

（日本離島センター「排他的経済水域と海底資源の分布」

『シマナビ（島を学ぶ）』2014 年）

沖ノ鳥島は、実は九州からパラオにかけてのびる海嶺上に位置している。九州由来の海嶺域＝九州広域列島貢献域拡大と考えてもよい。

【九州広域列島海域潜在力と課題】九州広域列島には、隣接国との境界域が複数存在する。尖閣列島近くでの緊張は日々現実の問題である。五島列島沖では日中・日韓・日台の間で、海底資源利用と水産資源利用上の境界線を巡って、互いに対立しつつも、共同利用化を目指してきた。尖閣列島海域では台湾との新しい漁業取決めが、二〇一三年四月に成立した。北緯27度線以南の尖閣海域を含む台湾本土面積相当域の共同利用であり、難航している日中間（27度線以北限定）取り決めに先行して進んでいる。

九州広域列島海底には火山列が走り、水深も深すぎず、有望な開発ポテンシャルを持つ場所が多い。近年における技術発展と調査により、ＥＥＺの海底に、金・銀・銅・亜鉛・鉛・石油・コバルトリッチクラスト・メタンハイドレート等の豊富なエネルギー資源や鉱物資源の存在が確認されている。九州広域列島の水産資源は、東シナ海・太平洋・対馬海峡・玄界灘・響灘・豊後水道まで含めると、全国民食料源的にも極めて重要な海域であり、この列島に人々が居住して生業《なりわい》を営み続けてきた豊かな場であることが十分理解できてこよう。

ただ海域は、自然・人為災害の場でもありうる。「春一番（壱岐で最初に用いられた海難用語）」

的突風や「台風銀座」に位置するのみか、近隣域からの密航や密輸取引の場でもありうる。済州島「四三事件」（一九四八年四月三日勃発5年5ヶ月続いたパルチザン事件では島民の20％の6万人が死に、70％の村々が焼き尽くされた）では、五島に密航して命拾いした人たちも数多くいた。二〇〇七年硫黄鳥島（沖縄県の無人島）調査時には、中国ビニール製爪があり、合図使用痕跡物と判断された。海難救助事案も多い。それらの意味で、今でも防人島任務を背負っている場所でもある。

この海域は南に行くと途端に、遠隔地性が顕著となってくる。一つ一つの島が列島内でも距離を開け始め、分散的になり、線上に存立していく。それがEEZの広域性を稼ぎ出している。「隔絶」は評価軸を180度変える時代を迎えている。

五島列島南東に隔絶島嶼男女群島がある。そこは好漁場でもある。女島灯台（二〇〇六年まで灯台守居住）の南方の鮫瀬が、EEZ基点で、そのわずかな距離も現在では人々の関心を呼んでいる。遠隔地性から珊瑚船団（鹿児島船も多くいた）が一九〇七年台風災害で避難しきれず173隻734人が亡くなっている。

男女群島の北西33㎞に肥前鳥島（五島市）がある。沖縄を除く最西端である（遠隔地性から米軍射爆演習区域にもされていた）。ここを、日韓両国政府は国連海洋法条約による「島」ではなく「岩」扱いにしてきた。小面積で海上プラットフォーム建設や埋め立て工事以外、人が居住不可能とみていた。日本海竹島も同様理由でEEZ基点にしなかった。肥前鳥島沖から済州島沖にかけて石油・天然ガス埋蔵物開発に両国が当たるべく、一九七八年日韓両国政府は日韓大陸棚共同開発協定を締結した。ところが二〇〇六年六月日韓間EEZ境界線画定交渉で、韓国政府は鬱陵島から竹島への基点変更を主張した。これに対抗して日本政府は肥前鳥島を基点とする主張を始めた。漁業協定でも、それ以来この島の存在が特出した交渉材料となる。二〇一二年、韓国政府は一九七八年発効の日韓大陸棚協定を無視して、肥前鳥島周辺海域から沖縄トラフに至る海域を、EEZ「海洋領土」と主張するようにもなり混乱が深まった。五島市は二〇一四年一月一〇日、住民の強い要望を受けて、従来北岩・中岩・南岩と呼ばれていたこれらの島の名称を、北小島、中小島、南小島とする変更申請を国土地理院に提出し、同二四日名称変更が認められた（写真1）。

写真1　EEZ 基点肥前鳥島北島

（その頂上に 2006 年に設置した一等三角点がある）

Ｖ「自然な境界」と「連続性」

【生物学的境界線】九州広域列島には生物学的境界線がいくつかある。なかでも重要なのがトカラ列島を分断する渡瀬線で、特に動物分布を異にする。約２万年前の最終氷期には、海面が約１２０ｍ下がった。さらに古くは１５０万年前、新世代第四期更新世初期、朝鮮半島からトカラ途中までそのまま陸地は繋がっていた。大陸から台湾・先島諸島・沖縄諸島・奄美群島・トカラ南への繋がりも、北からと同様に両手で内海を抱きしめのように弓状に繋がり、一か所のみ口が開いていた。その一度も交わらなかった溝（トカラ構造海峡）が、渡瀬線である。偶々黒潮が横切る所とも重なる。そこは七島灘と呼ばれる海の難所でもある。

奄美と沖縄諸島に境界線はない。意外に思えるのは現在の県境を考えるからである。実は海底地形的に境形成要因はなく、距離も遠くない。一方、同じ沖縄県であっても、先島（宮古・八重山）・沖縄諸島間には境界がある。海底地形と距離である。沖縄本島・宮古の距離は２８０㎞。宮古・石垣間は１２０㎞だが中間に多良間島・水納島がある。与那国島と西表島は離れているが１０４㎞である。山の高みまで見える台湾と与那国島の距離は１１１㎞であるが、この間には生物境界がある。台湾と大陸との間にも分布の境界がある。台湾は南のバッシー海峡との間にも境界を持つが、それはさらに高次元の境界である新ウォーレス線をなしている（図5）。

【陸島的琉球弧】「東洋のガラパゴス」と奄美はよく称される。たしかに奄美をはじめ九州広域列島には、イリオモテヤマネコ（西表）、ヤンバルクイナ（ヤンバル）、リュウキュウ鮎（奄美大島）クロウサギ（奄美大島・徳之島）のように、稀少動植物を持つ点でガラパゴス諸島と通じ合う点もある。しかし、「ガラパゴス」という表現は、陸島（大陸と接した経験のある島）と、洋島（一度も大陸と繋がったことが無い）と違いを

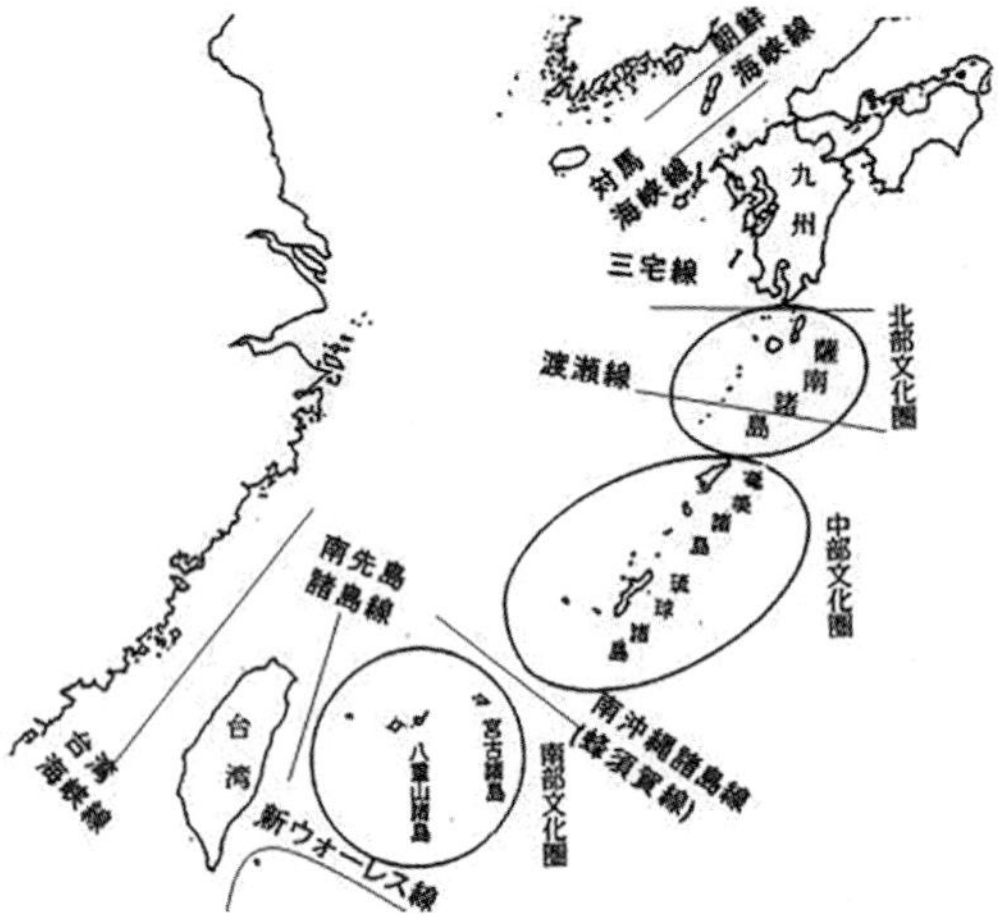

図5　九州広域列島内生態系境界

（新垣俊昭『琉球・沖縄史』1997年、諸瀬田茂充「渡瀬線」『沖縄大百科事典下巻』1983年等を参考に作図）

無視した表現であると論駁されることが多い。むしろこの陸島的特徴こそが、九州広域列島を特徴づけるものでもある。

【アイランド・コンプレックス】洋島の特徴は、アイランド・コンプレックスにある。種の多様性は少ないが、希少種が多く、外来種など外部からのインパクトに弱い。孤立しているために、生態系が脆弱であり、保護・保全が必要である。一方の陸島の特徴は、多様な種が豊かなエコロジーを展開することにある。かつては相互につながっていたこれらの島々には、生態系に基本的共通性と連続性がある。それもまた魅力的なエコロジーである。島は狭く小さな場所であるが、広域移動可能な種にあっては、島伝いは、絶妙な生存環境になる。

【例外的洋島：大東諸島】九州広域列島の中で唯一例外的に洋島と考えられるのが、大東諸島である。沖縄本島から400㎞離れており、珊瑚柱が深い海底から筒状に突きあがった特殊な形状の島である。北大東島と南大東島とは互いに直視可能な距離にあるが、南大東島南域の沖大東島（ラサ島：戦前期燐鉱石採取の島）との間は、160㎞離れている。この島々は、現在のニューギニア島近海から、大陸移動で現在地まで僅かに沈みつつ辿りついた島で、ために特異な石灰岩地形を形成している。ここは琉球弧から実質的に離れた存在である。この大東諸島と沖縄本島との間の境界線についても今後の学術的成果蓄積による提言を期待したい。大東諸島は洋島であり、本来であれば固有種の存在が期待できる場所である。しかし三島共に小さい島であるだけでなく、鉱山採掘と大型機械キビ作等による110年近い開発島である。過去調査の見直しによる生態系の確認に期待したい。

【文化的境と生物学的境の重なり】ここで興味深いのが文化境界線である。生物学的境界と文化的境界の重なりが、図5からわかる。僅かな違いは、トカラ列島の一部を入れるか否かにある。トカラの島々内には文化境界はない。各島個性はあるが別世界ではない。

生物的境界と文化的境界の共通性は何に由来するのか。それは島が海境界（距離と海流の方向とその強さ）によって隔てられ、いくつかの群島を成していることから生まれている。まさに自然にできた島嶼地理圏境界が、生物学的にも人間活動的にも、自ら圏域を同じくする「重なる圏界」を構成したと考えられる。文化圏・生活圏を、先島で一つ、沖縄・奄美・トカラ（トカラを両属境界とみる見方もある）で一つ、そして黒潮洗う七島灘・屋久島域から九州北部までを一つとすると分かりやすい。文化面ではすでにこれらの区分にそれぞれ南部文化圏・中部文化圏・北部文化圏と命名もされている。大いに得心するものがある。

【地質構造帯的連続性】列島形成因の多くは、火山脈や地殻変動による褶曲や隆起等である。島を幾つかの構造線が走っている。それらが島々間の連関性・類似性・相違を足元から語っていたりする。琉球列島の地質に関わる構造帯は早くから知られている。その中・北域には、九州本島・霧島火山帯に繋がる帯が加わってくる（図6）。帯に共通する特徴を知ることで、島連なりの中での地質的連続性や、多様性の足元が見えやすくなる。

天草東南部も東北（西南）方向の帯が走る。御所浦島・獅子島・長島・甑島がつながる（図11）。隆起が続いている喜界島と種子島が繋がる。屋久島・奄美群島列・沖縄本島が安定帯で繋がる。

火山列としては、久米島・硫黄鳥島（琉球王府直営地）と薩南火山群島（横当島・宝島・悪石島・諏訪之瀬島・中之島・口之島・口之永良部島・硫黄島・竹島）がつながる。西表島の北、鳩間島沖（一九二四年十月鳩間北東20㎞沖海底大噴火があった。莫大な軽石は北海道にも達した）にも連なっていると思われる。硫黄島・竹島は縄

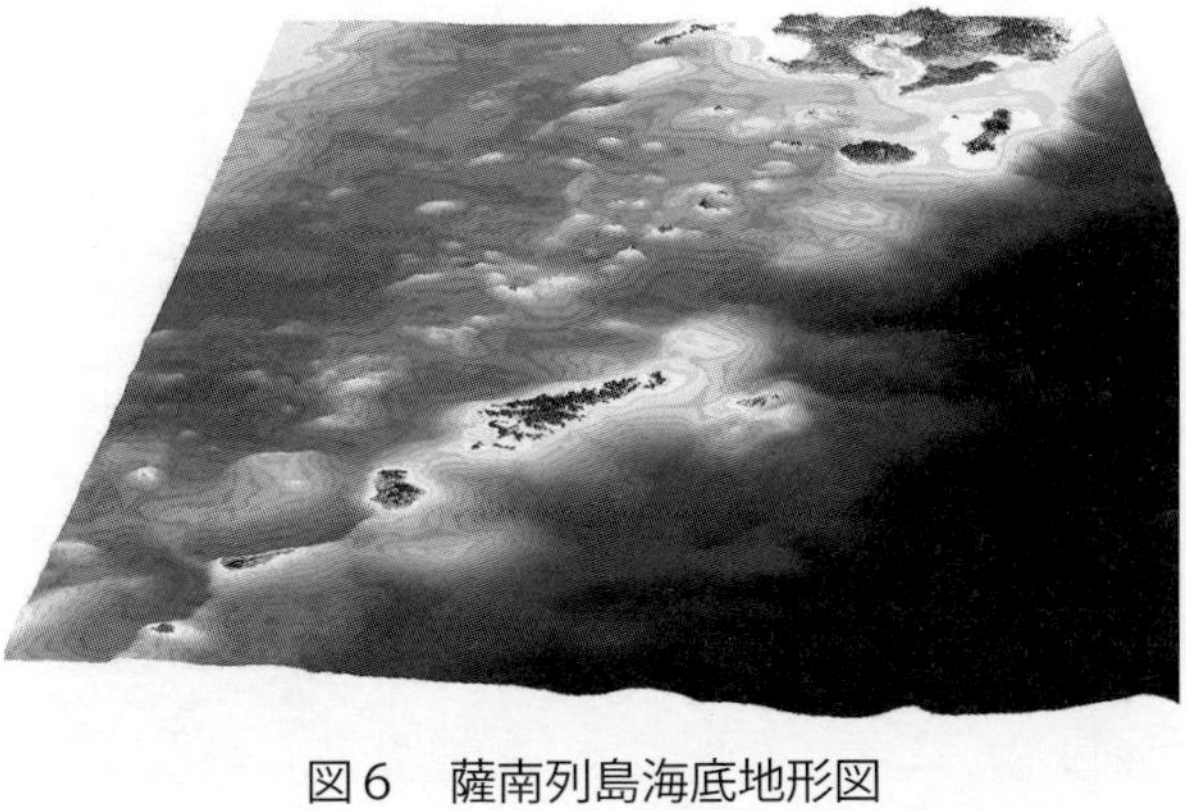

図６　薩南列島海底地形図

（木下紀正氏作図）

文期に大爆発した（屋久島の縄文杉年代比定とも関わるが）鬼界カルデラの頂上淵の島。属島に昭和硫黄島という真新しい島もある。世界ジオパーク認定を目指しており、ジオツーリズム、地熱発電、地熱利用水素燃料作りなどの新産業展開も構想中である。

桜島はもとは独立した島であったが一九一四年一月大正噴火溶岩流により本土と陸続きになった。その北の新島《しんじま》は燃島《もえしま》・安永島ともいう。一七八〇年安永噴火時の隆起によるが、近年地盤沈下も海岸部で進んでいる（二〇一三年無人島に戻った島）。これらを知ると、サンゴ礁小島に温泉がある根拠を地底構造に認めることもできるようになる。桜島とその周辺海域は霧島錦江湾国立公園に指定されている。ここも世界ジオパーク候補地である。

姶良カルデラ・霧島連山・阿蘇カルデラと以北に続く火山帯は環太平洋火山帯の一部をなす。日本列島（六大火山帯）から、千島列島（千島火山帯）・アリューシャン列島あるいはベーリング列島への連りは、花綵《はなずな》のように配列され、大弧状列島を構成する（狭義の花綵「かさい」列島は、琉球・日本・千島・アリューシャンの連続列島をさす）。島連なりは、台湾を経て、南にはフィリピン・マレーシア・ブルネイ・インドネシア・メラネシア（ＰＮＧ・ソロモン諸島他）にまで繋がっている（図13）。それは太平洋の西側・東側を縁取るプレート起因の連続性でもある。海流もそれに突き当たって流れ、つながりの島々における人間活動の動線（移動・交易・交流等）

にも影響を及ぼしてきた。

【海流と北風】九州広域列島を特徴づけるものとして「黒潮」の存在は欠かせない（図7）。それは弥生時代の「貝輪の道」ルート以来の交通機動力であった。ただ行きっぱなしでは交流や交易にはならない。文化・技術・芸能の流れも、より深い所での交わりの持続が、高みを形成する。その逆方向への移動を可能にしたのは技術・道具・組織力、そして風の力である。通常は危険として忌避されがちな北風の季節風が、その南下の有力手段であった。藤枝繁らのライター漂流物の流れでもわかるように、南下の主力は、海面への風力である。北風ルートは冬の最も厳しい季節風を使うだけに、遭難頻度が高く、漂着記録や航海記録も公的に多く残されている。朝鮮・琉球交流史、朝鮮漂着船の歴史もそのためよく知られている。最西端（最南端にも近い）与那国島に達した例もある。

黒潮は太平洋の暖かい海流が、フィリピン中部近辺から、折り返すように北上する流れで、台湾東岸を経て、北東方向に遡上してくる。地球温暖化・気候変動の影響で、フィリピン南部にあたって、マリアナ海域からのウナギ稚魚が、北上する黒潮に乗れず、シラス不漁になる場合もある。その事例にみるように毎年・毎期・毎時同じルートを通るわけではなく、蛇行・幅・強弱・水温などの微妙な違いが、生態系に変動を生み、気象・漁獲・航海安全などにも影響を与える。九州

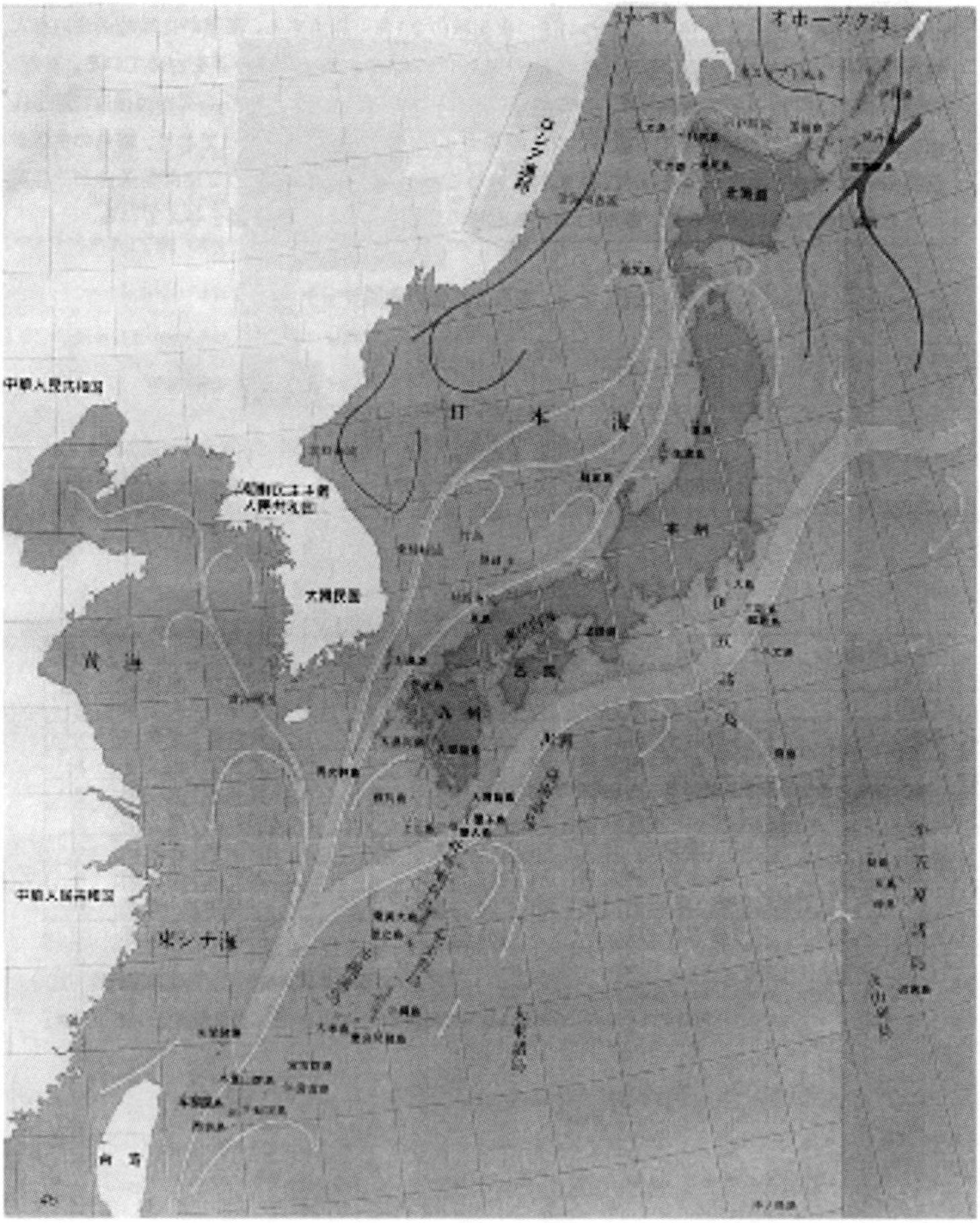

図７　黒潮の流れ

（日本離島センター『離島の有する土・環境保全等多面的機能に関する調査報告書』

1999 年）

広域列島域もその変化の強い影響域にある。

黒潮は豊かな自然の恵みをもたらす。海域も湿原生態系保護地としてのラムサール条約指定地になり、慶良間諸島座間味島と屋久島永田浜が指定されている。

【先島とトカラの黒潮文化】黒潮の大きな流れは、図7に見るように、先島（八重山諸島・宮古諸島）北域を抜けて、沖縄島・奄美大島を「素通り」、そのはるか北部を流れ、トカラ列島中部を直撃する。先島とトカラ列島に類似の南方系外来神文化が伝播していることは、この黒潮の流れを考えると納得しやすい。先島の川平マユンガナシィ祭祀、石垣島とその周辺島のニローー神等は、太平洋ルーツの外来神ともされる。祭礼・行政一致の琉球王府が500年前に出した禁止令で被統治・社会変革が起こったにもかかわらず、強かに文化を今に残している。ハイヌシィマ（南の島）系芸能としての、竹富島サングルロ、小浜島

図8　貝輪の道

（新垣俊昭『琉球・沖縄史』1997年）

ダートゥーダ、黒島獅子棒、石垣新川獅子舞ハイヌシィマ棒等は、島独自の奉納芸能で、渡来もの文化、越境的文化遺産ともされる。それほどに南方・渡来系文化は基層的である。

この南島文化の流れは、トカラ・鹿児島三島や薩南・薩北の鬼面・儀礼にも連なっている。ボゼ(悪石島)、八朔メン(三島硫黄島)、メン(三島黒島の大里)。トシドン(下甑島各集落・移住先種子島国上)。トイノカンサマ(屋久島宮之浦)。本土側ではメンドン(山川町利永)メン(末吉町熊野神社)等である。シュロの木皮や葉などで作った衣服をまとい、大仮面をすっぽり被った仮装来訪神の祭礼にはメラネシア仮面文化との共通性すら感じられる。一九九九年末パプアニューギニアのニューブリテン島ラバウルで、年越し火踊儀礼を見た時に、その仮面の顔立ち・シュロの葉衣装等があまりにも類似していることに驚嘆した。多くの専門家も指摘するように、その類似性は単なる偶然ではないであろう。

トカラ列島では背負子や篭の技術に近隣地域にない特異性と島毎の独自性が見られる。それに東南アジア山間部等との類似性が見られることも、その背景因として黒潮経路を想定することに無理はない。その分流は、五島列島沿いにも進み、対馬暖流となって日本海に進む。

【甑島・天草群島・韓国南部と文化伝播】甑島トシドンは、南方渡来神系と類似するが、岩手太平洋岸で毎年一月一五日に行われる吉浜スネカや年越し秋田なまはげ儀礼との関係も指摘されている。二〇〇九年ユネスコ無形文化遺産の新制度第一号として指定されている。

天草群島牛深ハイヤ節伝播も、広域列島性の文化事例として興味深い。南には六調（奄美）、カチャーシー（沖縄）の自在祝踊りの調べとして主流の地位を占め、北には対馬暖流に乗り日本海北前船経路で、佐渡おけさ・江差追分の調べとして定着し、東には徳島アワ踊として越境文化発信・国際交流（サイパン阿波踊りは定例化した）展開にも発展している。その広がりは洋くかつ深い。

黒潮は韓国多島海《タトウヘ》の島々や済州島に突きあたる。その文化的基層に影響を与える黒潮文化に関する学術研究活動も近年活発化している。また済州島を中心とする潜女（ヘニョン：海女）文化の背景には、黒潮環境のもたらす水産資源の豊かさと、冬も活動可能なほどの水温の高さがある。海女文化も日韓共同提案での世界遺産登録を目指している。

Ⅵ　島繋がりと社会的境界

【島繋がり：過去の栄光と挫折】もとより各群島の歴史展開は、その内部の動きだけでは見えてこない。九州群島は無論であるが、分離した歴史を歩んできたかに見える琉球弧の島々に於いてすら、その当初の歴史を窺う時ですら「列島性」認識は不可欠である。琉球諸語において、与論は国頭語、奄美大島は奄美語（言語は方言ではない）とする立場においてすら、そもそも日本語と琉球語（二〇〇九年二月ユネスコ無形文化財遺産：世界２５００語危機言語として指定された）は、互に唯一の同一系統言語日琉語族である。海路や、列島伝いの繋がりを観ずして理解できない。互いに行き来し、育んだ、互いへの認識が、常時存在し続けた。島繋がりは、」当時の最新情報・先進文化との接触を生み、交易は繁栄をもたらした。九州広域列島再展開のためにも、意図的・外乱的に境界を引かれた過去についても見ておこう。

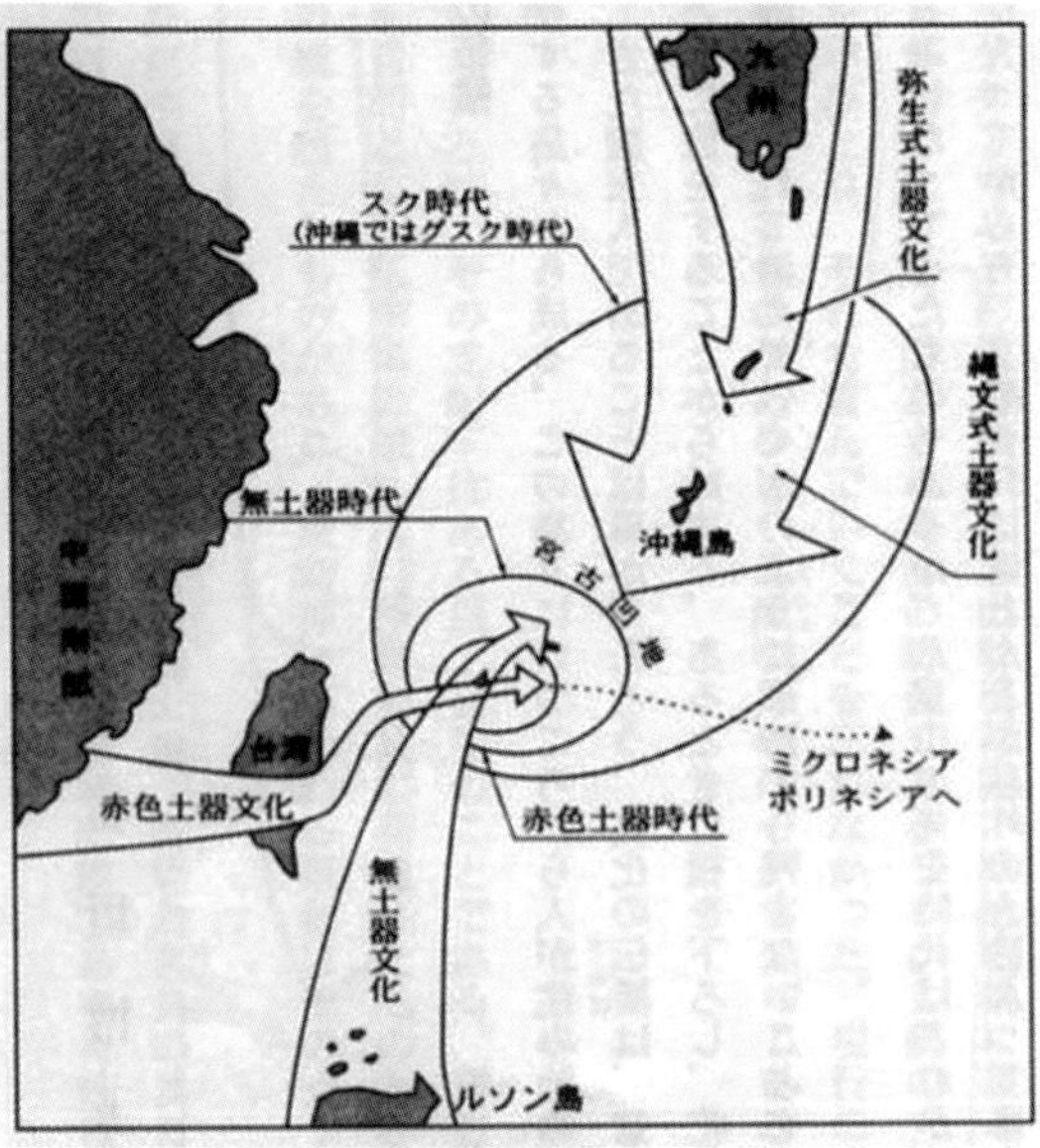

図９　赤色土器文化・無土器文化の起源と縄文・弥生式土器文化の伝播

（『八重山歴史読本』2004年）

【先島の独立性喪失と独自性保持】先島（宮古・八重山諸島）は、縄文・弥生土器文化と触れることのなかった例外的歴史的背景を持つ（図9）。赤色土器時代・文化は突如姿を消し、代わって無土器時代が始まる。彼らはどこに行ったのか。言語年代学（母語変化）・骨細胞分析（母系遺伝ミトコンドリアタイプ）・ピロリ菌遺伝子分析（胃に潜み人間遺伝子よりも変異が速い）等で、５０００年前の集団分離が明らかになり、太平洋大航海民第2集団に一部合流したと推定されている。台湾等から大海原に出て、フィリピンを経て、ポリネシア（ニュージーランド等）にまで至った。

沖縄本島でグスク（城）が形成され、政権が樹立し、交易も盛んになる。並立する先島では独自の八重山スク（城）文化が形成された。私貿易（密貿易＝招撫政策に応ずる本島諸国と中国との朝貢貿易以外は禁止されていた）の先島民間集団は、九州等からの商人・武士が、鉄器の生産技術、滑石製石鍋（長崎西彼杵半島産）、類須恵器（徳之島カムィヤキ系陶器）、玉縁白磁・褐釉陶器（中国製）等を携えて島伝いに渡来したもので、地元と融和し、八重山・宮古各島々を拠点に中国南部と積極的な交易をしていた。12世紀後半からフィリピン・中国商人との交易が活発化し、一三一七年には宮古島保良数十人による東南アジア・シンガポール向けた交易船の例もみられた。中国商人が求めたのは南島産品で、貝類、ジュゴン、ナマコ、亀、織物（上布・芭蕉布）、薬草等であった。一三九〇年中山（琉球）に対する入貢・臣従（準独立関係）はその後１１０年続いた。先島からは、珍品中国陶器類（室町幕府の貿易利潤の独占・茶道の普及で富と権力の象徴）が、沖縄本島やヤマトとも比肩できない程多量に出土する。

先島が琉球王府権威下に組み込まれるのは第三代尚真王の時。祭政一致の国造りは、元正室である母が神女《ノロ》を統括し聞得大君《きこえおおぎみ》の制度化を実現し、皇女が神の恩恵を国王に与える守り神となったことに始まる。一四八六年祭政一致は、八重山の農耕・火食の教え神「イキヤアマリ」神事を禁ずることになる。これに反抗した波照間島出身石垣島英傑オヤケアカハチは、納貢を拒み、義兄との内紛を機に勢力を拡大する。これを宮古の仲宗根豊見親は、琉球王府に通報。一五〇〇年三千人の軍隊を派遣し掃討した。与那国島の英傑鬼虎(宮古から移動)も掃討。ここに「全島統一」が完遂する。スク時代の石垣島集落は激減し八重山の交易者集団は急速に衰えた。八重山・宮古はこれ以降「自由に海を行き来できない島」になった。しかし先述の通り文化的独自性は保持されていく。

【琉球交易・統治と硫黄鳥島】縄文前期朝鮮半島の影響を受けた曽畑式土器が、九州を経て沖縄に達している。二〇〇〇年前にも北九州から南下して奄美・沖縄に至る黒曜石供給の道があった。「貝輪の道」は奄美以南と北九州弥生準国家との交易関係の始まりであった。沖縄も遺唐使船の航路に組み込まれるが、「奈良・平安朝」との交易も黒潮と季節風による島伝いで活発であった。11世紀前半建立の平泉金色堂にも、夜光貝が螺鈿細工に使われている。浦添を中心とする中山王「察度（一三二一～一三九六年）」は貿易王国の礎を築いた。黄金で堺や博多から鉄を得、鍬や農具を作り、農民に与え、推挙されて王位についたとの伝説に違わず、一九八八年城跡から黄金メッキ城装飾金具が発掘された。一三七二年明国建国四年後に進貢貿易を開始した（なお足利幕府は冊封使者を送り返した）、中山は独自外交＝善隣関係をいち早く築いた（ヤマト進貢貿易開始は三〇年後である）。東南アジアの特産物（蘇木、象牙、錫、胡椒等）を中国に、中国産物をヤマト・韓国に売買する三角貿易立国の礎を築いた。これに加えて重要なものが中国向け「特産品硫黄」である。意外に知られていない。南宋は、火薬原料（硫黄等）の国家統制・国家備蓄をした。そもそも中国は、内陸的強敵を常に特に北側に意識せざるを得ない陸国境の地で「陸彊《りくきょう》」策を優先してきた。そのために火薬原料が大量に必要とされたが、特に硫黄の国内調達には限界があった。平清盛の時代から九州博多交易で重視され、質の良い薩摩硫黄島物が提供された。為に硫黄島から陶器類が多数出てくる。その後組織的で安定した供給先として琉球王府直営「鳥島物」（硫黄鳥島は戦後名称）が選択され、最終的には餅板状の製品が最重要交易品となる。那覇港には硫黄山・硫黄蔵が設けられた。中国が重視すべき交易関係が継続されていく。

城を首里に移し、留学制度を開始。中国最高学府国子監に毎年２～３人の若者を送り、他冊封国より優遇された環境で、先進の文化・文明を吸収させ、隣国への理解を深めた人材を育てた。統一国家・中央集権国家建設もヤマトより早く形成され、刀狩り、参勤交代類似制度、貿易独占も、原型は琉球にある。ヤマトのそれより一〇〇年以上早い展開であった。

二〇〇〇年琉球王国のグスク及び関連遺産群はユネスコ世界文化遺産に登録された。

【奄美と薩摩と琉球】奄美群島の琉球編入は、南から段階的にすすむが、最後の喜界島に至るまでには長期間を要した。三山時代の一二六六年、奄美按司（豪族勢力）は中山王英祖に強大勢力対策として入貢を始める。沖永良部島と与論島は北山に服属した。沖縄本島は内乱のため奄美北部まで支配する力は無く、徳之島以北按司は琉球へ貢物を贈り、支配の承認を受けてきた。一四二九年尚巴志によって沖縄本島が統一されると、沖永良部島・与論島は直接支配下におかれ（琉球支配「那覇世《なはんゆ》」は二〇〇〜三〇〇年）、他地域は間接被支配下となる。第二尚氏王朝第四代尚清王は、一五三七年に奄美全域支配を目的として侵攻するが不完全に終わり、五代目尚元王一五七一年侵攻で喜界島も含む全域が琉球の支配下に入る。最後の戦いは、3城《グスク》4集落全滅という激しいものであった。喜界島琉球服属38年後、薩摩支配《やまとんゆ》が始まる。

一六〇三年江戸に幕府を開いた徳川家康は、明との通航を考えるようになり、薩摩藩主島津忠恒に、琉球王国を討伐し、明と通じることを許可した。一六〇九年薩摩琉球侵攻により、奄美の直接支配・沖縄の間接支配が始まる。中国との朝貢交易を残す為に、表に出ずに沖縄を支配する形式をとり、貿易上の最重要島硫黄鳥島の帰属は、奄美群島内徳之島の近傍65㎞にあるにもかかわらず、（与論割譲と引き換えに）琉球のままとした。

【奄美・琉球の差異化と仮想国家トカラ国】トカラの島々以南は古代においては、ヤマト側からは異界であった。中世ま

写真２　臥蛇島無人島化碑 1970 年
（無念と去る前に神様を校庭脇に集めたとの釘記）

で国境は「七島灘」であり、琉球と日本の境とされてきた。航海至難な黒潮が行政境界をなした。明確な線引きではなく、その自然国境上に位置するトカラに対しては、両属的扱いを外国（朝鮮・中国）向けにしてきた。（現在無人島の）臥蛇島への一四五〇年漂着朝鮮人4人の身柄引き渡しがその例である。敢えて、琉球経由2人、薩摩経由2人に振り分けて送還した。『朝鮮王朝実録』に「琉球・薩摩の間にあり、半ば琉球に属し、半ば薩摩に属す」と記された。トカラは、「道の島々」奄美群島から北上する時、道しるべや、島影として使われたが、停泊地や交易地として使われることは稀であった。

一六二三年「大島置目条々」により奄美直接統治の基礎固めがなされる。トカラ七島には郡司がおかれた。一六九八年薩摩は政策的文化境界つまり偽装国境を、トカラと奄美大島との間に設定した。奄美から医道など稽古事で本領（薩摩）に来ても、本領同様の姿をすることを禁止。月代《さかやき》を剃り剃髪をすることも禁止。七島・薩摩と紛らわしい名前の禁止もしくは名替え（漢字一文字等）を強要した。紙屋敦之は、これを風俗面から切り離して虚構の国「吐噶喇」の創出とした（『幕藩制国家の琉球支配』一九〇〇年校倉書房）。奄美支配を外向けに不明確にする策で、トカラ（宝島）と明との交易をも画策した（結果的には成功しなかった）。

意外に知られていないが多良間島（宮古・石垣間の島）にすら税金取立てに薩摩役人は向かっ

ている。しかし外交舞台には秘して登場しなかった。奄美直接・琉球間接支配の陰で薩摩は密貿易利益も追及していたといわれる。

【戦争被害】沖縄での日本人戦争犠牲188000人、民間人犠牲者はその半数に達した。太田実海軍中将の残した「沖縄県民斯ク戦ヘリ、県民ニ対シ後世特別ノ御高配ヲ賜ランコトヲ」という言葉の重みを受け止める時、また学徒隊犠牲者男子5割、女子4割、内14歳未満の「戦闘」死亡者が11000人（その中に自決が300人）もいることを想うとき、無垢な人々の家族・地区単位の圧倒的犠牲・疎開船対馬丸等の犠牲を忍ぶとき、さらに今日に残る基地負担を思うとき、島なるが故の逃げ場のない宿命的苦しみを感ぜざるを得ない。

本土を守るための時間稼ぎにされたと思いたくはないが、その後の報いや償いはなお不十分かもしれない。火山列島硫黄島の徹底抗戦が、沖縄でのゲリラ抵抗を恐れさせたがゆえの、掃討作戦で犠牲になった民間人は、玉砕作戦を美談として語る軍人論理とは全く別次元の、「逃げ場」「逃げ道」「別ルート」を持ちえず巻き込まれた者達であった。忠君・愛国をヤマト以上に強要される差別構造も犠牲を強めた。疑心暗鬼・スパイ嫌疑の圧力ともたたかわされた。それらを遠隔島嶼の宿命にしてもいけなかった。

【行政分離と分島論】琉球弧（種子・屋久・三島を除く）と小笠原の島々は、第二次世界大戦後一時米軍統治下におかれた。「行政分離」（図10）で、祖国復帰に手間取った。行政（国）境の与那国島―台湾、口之島―口永良部島は非公式貿易（密貿易）の基地となり、臨時的にぎわいの場所となった。本土（台湾）と奄美（沖縄）を結ぶ物資・産品の正当交易が閉じられ、密航せずして声も届かず、行政的陳情や政治的訴えの行動も不十分となった。教育者・村長も密航した。

鹿児島県三島村と現十島《としま》村（トカラ列島）は第二次世界対戦終了までは一つの村十島《ジットウ》村であった。一九四六年二月二日行政分離により、北緯30度以北現三島村部分（上三島）が本土復帰する。やむを得ず役場が本土鹿児島市に置かれた。上三島は「十島村」の名前を、下七島の一日も早い復帰を願って引き継いだ。一九五二年二月十日下七島が「本土復帰」した。返還が遅れた新しい十島村（下七島：としま村）は一九五六年新役場を本土鹿児島市に置く（中之島からの移転）。（竹富町と）この2村は行政区域外役場設置の異常事態を抱えることとなった。「奄美に比して、わずか一年五ヶ月、本土復帰が早かったために、奄美群島振興特別措置法適用地域とのギャップが長期に及んでしまった」と嘆く村幹部のぼやきも、一九七三年鹿児島郡編入による大島郡からの分離でさらに決定的になった。遠隔・外海・小島嶼の高コスト公共事業に特例を認められなかったハンディをいまも引きずっている。

一九五三年十二月二五日奄美群島返還。この時沖永良部島と与論島を琉球政府側に残す返還案

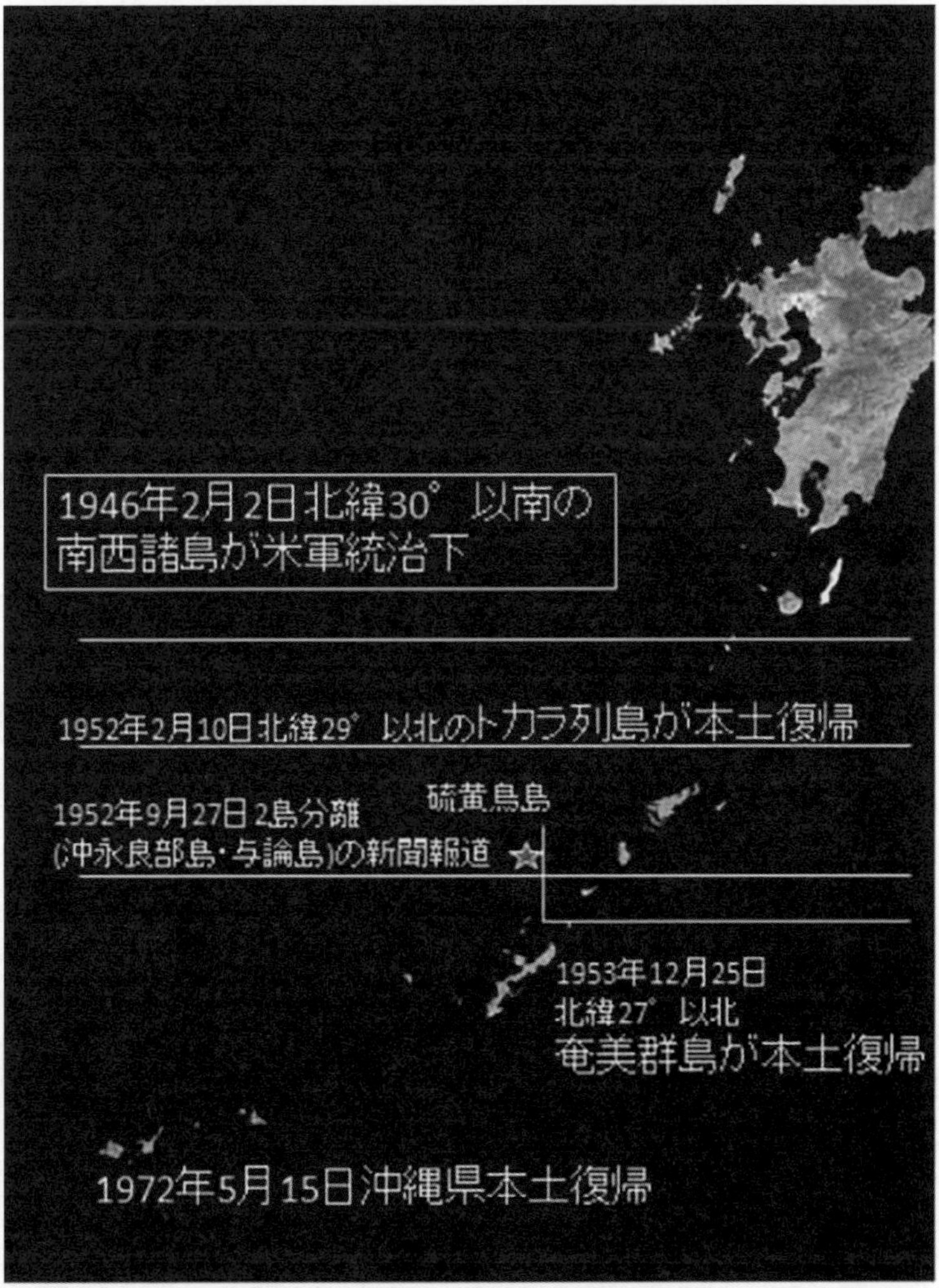

図 10　行政分離と疑似国境線

（鹿児島県和泊町『復帰運動の記録と体験記』2004 年）

が米国側で一時検討され、両島では返還運動の油に火を注ぐ事態となった。このような外部都合での線引きは、先島分島論（一八八〇年清国から琉球三分割要求、大陸権益を交換条件とする日本二分割合意）でも発生した。留学沖縄人の必死の抵抗もあり清国は躊躇した。

沖縄返還は一九七二年五月十五日。基地・地位協定問題を今に引き継いでいる。

【熊毛諸島の南北航路】種子島には旧石器時代三五〇〇〇年前の遺跡が存在する。縄文前期に於いては、朝鮮半島の影響を受けた曽畑式土器が、九州を経て沖縄に達している。二〇〇〇年前にも北九州から奄美・沖縄に南下する黒曜石供給ルートがあった。弥生後期には先述南島産の「貝（輪）の道」交易ルートが存在した。当時より九州・奄美間の常用錨地として屋久島一湊（南島風回避）と口永良部湾（北西風回避）が重用されたに違いない。

遣隋使・遣唐使船の経路は九州広域列島全体が舞台である。北路は対馬か北九州から朝鮮半島西海岸沿いを進んだ。南路は五島列島から東シナ海を横断した。南島路は薩摩坊津から、琉球語・ヤマト語・中国語の話せる奄美人通訳をのせ、奄美・沖縄経由で東シナ海を横断した。大宰府直轄の多禰国《たねのくに》が種子島拠点で置かれたのはそのためである。大宰府関連遺跡は喜界島でも発掘されている。奈良時代の授戒僧鑑真も、艱難辛苦9度の渡海失敗の後、沖縄・奄美大島・屋久島経路で到着。仏教の制度化に大きな功績を遺した。また南種子宝満神社の赤米は柳田国男的「海上の道」イメージを誘う。赤米儀礼は下対馬豆酘の多久頭魂神社・岡山総社市国司神社の3箇所のみで継承されている。

朝鮮由来陶器とされる「カムイ焼」徳之島遺跡はまさに工場群で、販路は北の島々・九州本島や南の島々・八重山諸島にまで達した。一五四三年種子島鉄砲・一六九八年（琉球王経由）甘藷伝来、一七〇八年屋久島シドッティ上陸（江戸に送られ新井白石との対話録『西洋紀聞』は欧州知見を与えた）は、ヤマト入り口での事件で時代を開く扉となった（なお異国船打払令はトカラ宝島での一八二四年英国船侵略、牛盗難事件に端を発している）。ここは言語のみならず文化の境界域。宗教的にも漁労文化祭礼（恵比寿神に象徴される）が異なり、シャーマニズム文化圏との境をなす。

写真3　屋久島灯台下夷

（屋久島以北が夷様文化圏）

屋久島は黒潮が直接当たる世界的多雨域である。江戸期杉材は屋根材用平木が主で広域販路があった。年貢として納められ、藩財政の安定に寄与した。幕末までに5～7割の屋久杉が伐採された。一九六〇年代末から屋久島・トカラに新住民が住み始めた。自然・文芸・宗教・哲学に明るく、山奥・過疎島居住を厭わない実践家達（ヒッピー愛好者・文化人）であった。解《はしけ》労働にも関与し諏訪之瀬島の無人島化を救い、一九九三年のユネスコ世界自然遺産登録にも繋がる自然保護・実践・文化活動をした。自然を守り、自然を愛し、調査・実践にいまも取り組み、環境情報発信・文芸出版活動・思想発信もした。

種子島は甑島・沖永良部島・桜島からの移住者村落も存在している（Iターン原初形態）。屋久島もまた来住者受け入れに寛容な地域性を有し、一九八〇年代の第2次Iターン者たちがガイド・エコツーリズムを開拓した。一九九〇年代以降、環境・観光・レジャー志向の第3次Iターン者受入基地を形成している。世界遺産効果もあり、他地域と異なり人口の長期安定期に入った。

口永良部島は二〇一二年三月屋久島国立公園に編入された。火山帯ではトカラ列だが、屋久島属島である。一時分村独立運動があったが実現に至らなかった。倭寇基地もあり、その排除に苦慮した島でもある。この地に幕末期半年ほど英国商館があった。白糖方とも称される藩直轄在藩役を置き、藩が帆船で北海道等から昆布等を得て、鹿児島の米・醤油などを持ち込み交易した。

銭屋五兵衛牢死の報を受け一日にして壊され証拠隠滅された。開国直前である。貿易島口之永良部は幻と消えた。金沢藩御用商人第三代銭屋五兵衛の碑は礼文島にある。北方領土でロシア、樺太でアイヌを通じて山丹と貿易。米国商人とも交易し、豪州タスマニア島に領地石碑伝説すらある。対馬経由で朝鮮に行き、香港やアモイまで出向いた傑物であるが、この英人との接触はない。幕末期の薩摩も同様にダイナミックで、ジョン万次郎（中濱萬次郎）の琉球上陸帰国後は、間接支配者として深く関わった。坂本竜馬も五島列島・長崎・下関経由で動き、奄美大島潜居・沖永良部島遠流歴のある西郷隆盛の薩摩藩と渡り合い、伏見薩摩藩屋敷で命拾いし、薩摩で妻龍と傷を癒し、幕末の上方・京都を舞台に駆け抜けた。

写真４　口永良部湾は古代からの錨地

（幕末・戦後行政分離時代重要交易基地になった）

その薩摩藩は江戸（時には江戸城内大奥）・京都（御所・伏見）・大阪（土佐堀・江戸堀・立売堀）の他に、長崎（出島）と山川（琉球番所）・首里（城）とその近辺に、強力な情報・物流ネットワーク網を形成していた。桜島沖薩英戦争の後、英国とは多次元パートナーシップを形成、口永良部島英密貿易センターはその延長上の話である。当時の敷地、商館活動概要記載の図は鹿児島県立図書館に大切に保管されている。

【天草・甑島・長島】天草群島は、殆どが架橋済みであるが、過去には離島振興法対象の巨大群島であった。下島５７３㎢は全国５番目（北方領土を入れると7番目）の大きさの島、上島２２７㎢も12番目で、一九五五年

写真５　下甑島瀬々野浦トシドン 1960 年代

（宮野豊稔氏提供）

には2島のみでも20万人住んでいた。大矢野島・戸馳島から下島まで架橋島19個。その総面積854・5㎢は、佐渡857㎢に匹敵する。一九八〇年の国調人口168663人は、佐渡人口の1・97倍。巨大で美しい架橋「島嶼群」がいまもそこにある。天草は一九五六年雲仙天草国立公園に編入された。

天草は日本最初の印刷機によるキリスト教布教活動、神父教育センター舞台になった。文化先進地としての天草は、禁教で姿を変じたが、帆船・汽帆船航路の中心地にもなった。ハイヤ節の全国伝播はその拠点振りにもよる。天草・島原半島からの明治大正期「唐行きさん」別名「娘子軍」は女性の海外出稼ぎ労働で、行き先はフィリピンから東南アジア各地（日露戦争時シンガポールで1000人程）、アフリカ・ザンジバル島にまで及んだ。神戸商社員が絡み50年を経て天草に戻ってきた実話もある。気を張りつつも孤独であったに違いない。その現地にも立ってみた。黒潮逆流経路渡航のまたさらにその先の世界であった。

鹿児島県長島は温州ミカン発祥の地である。獅子島・長島近辺は図11で見られるように（南西に甑島列島）、北東に御所浦島等と列状に続いている。恐竜時代化石は獅子島・御所浦島でしばしば発見される。延長上故に捜したところ甑島鹿島でも最近化石が見つかった。

またそこは天草文化・長崎言語圏で、獅子島航路はロザリオラインと呼ばれるほど、景観美と歴史の重なる空間となっている。

甑島は一向宗隠れ・隠れキリスタンの両隠れの地でもある。長崎との直接航路を持ち、長崎の生活・文化・交易圏で、中国向け俵物（水産物）の交易ルートでもあった。甑島は二〇一五年には国定公園指定地になる。加えて二〇一七年藺《い》牟《む》田《た》大橋が完成すると沿島橋で、列島内多様性が連続性で新しい魅力を追加する。全体人口５５７６人、面積

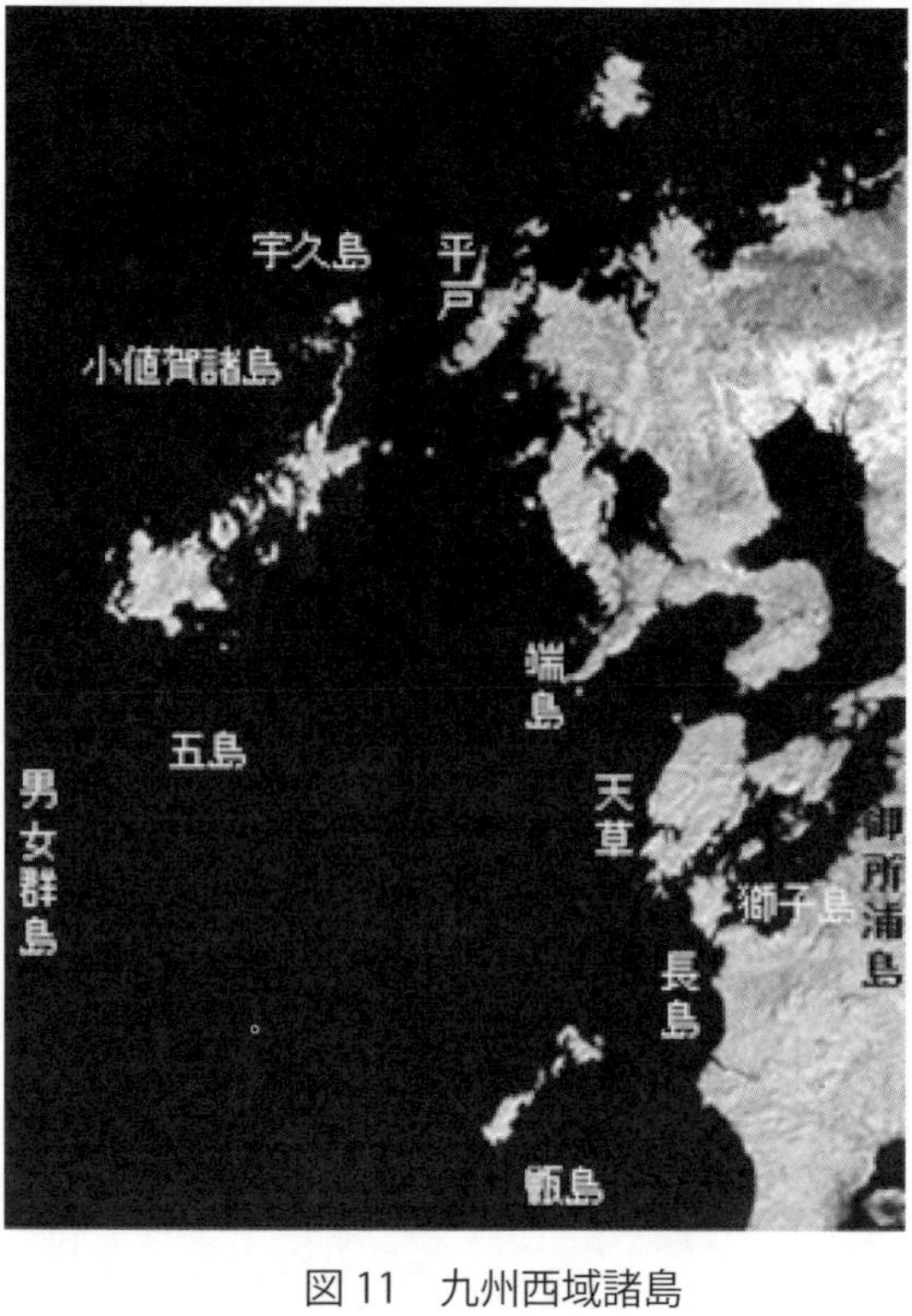

図11　九州西域諸島

117・6㎢、海岸線延長183・3㎞のスケールメリットを得ることになる。

【五島列島・小値賀諸島・平戸諸島等】五島列島は狭義には、福江島・久賀島・奈留島・若松島・中通島とその属島で陸上面積は638㎢である。それらを橋で結んだ沿島橋による連鎖構想が展開中である。五島は三島（特に松浦党）倭寇の根拠地の一つで、後期倭寇は中国人が主役であった。沖縄も経由して中国沿岸部を行き来した勢力は、交易力が高く（蛮行は例外的であり）、平戸などに貿易拠点を形成した。福江・平戸では王直が有名だが、種子島に鉄砲を伝来したポルトガル船には彼らが深く関わっている。近松門左衛門作の国性爺合戦（こくせんやかっせん史実は国姓爺）の鄭成功は、中国人倭寇と平戸島妻との子供であり、平戸海岸には鄭成功誕生石と廟がある。台湾・中国沿岸部での明朝復興戦闘活動の最強リーダーになる。

徳川家康の外交顧問英人ウィリアム・アダムス（三浦按針）が乗るオランダ船リーフデ号が漂着したのが、大分県佐賀関半島沖合の黒島で（史跡観光地でも）ある。鎖国後彼は平戸で亡くなっており、英国から取り寄せた奥さんの分骨を納めた夫婦墓がある。オランダ商館が出島（現場再建計画進行中）に移る前は、英国商館・オランダ商館は平戸にあった（平戸オランダ商館博物館、大村湾内ハウステンボスも関連施設で、オランダ開墾地を模した人工島居住施設もある）。フランシスコザビエルも種子島・鹿児島・平戸を経由している。

徳川家康側近の御用商人三代目茶屋四郎次郎（清次）は長崎代官補佐役を務め、一六一二年朱印船貿易でベトナム北部に船を派遣し莫大な富を得た。幕末期坂本竜馬の海援隊も長崎が基点。またグラバーは高島炭鉱等で功績を残し、明治の近代化を牽引した。その関連施設端島（通称「軍艦島」）もまたユネスコ世界遺産登録を目指している。近代化遺産群申請間近の大牟田三井三池港と島原半島口之津の石炭積み出し港は、与論島・沖永良部島からの荷役労働者集団移住先でもあった。

五島列島は広義には、小値賀島諸島・宇久島（無人島化2島を加えた10島53・1㎢）を含み、全五島計691㎢は対馬面積に相当する。小値賀島属島野崎島の隠れキリシタン最後の逃亡先案は日本海竹島に近い韓国鬱陵島であった。それほど近くではなく航海的にも難しい。不思議である。全京秀ソウル大学名誉教授によれば、釜山西隣の巨済島から鬱陵島への移住者は多い。そのつながりが想定されるという。これもまた黒潮と北風の道である。北端宇久島から済州島は辛うじて見える距離。済州島創始三姓と東方渡来三姫との結婚神話は、宗像地域の宗像三女神イメージとも重なる。交流水域であった過去を暗示する。

江戸期から紀州他の技術を取り入れ捕鯨や巻き網が盛んで、大手水産会社の発祥地が複数ある。現在でも重要な国境水産基地である。最近は椿産業、北海道と連携したブロッコリー通年出荷、マグロ養殖などの新産業展開が大手企業受入で展開中である。ユネスコ世界文化遺産キリスト教教会群指定後は、天草・長崎・五島・平戸と結ぶ、観光・巡礼回廊もできそうである。無論景観的にも素晴らしく、外洋性多島海景観を特徴とする九十九島・五島・平戸400島は「島々の王国」として一九五五年西海国立公園に指定された。

【対馬・壱岐・松浦近辺の島々】松浦半島は稲作伝来地であり、壱岐経由と思われる。魏志倭人伝で記された邪馬台国支配下「一支國」の中心集落が一九九三年原の辻遺跡と特定された。倭人伝記載国のうち、所在地断定例は稀である。発掘中の現場を当時訪れたが、大型甕が溝沿いに列をなし、初期国家の隆盛を感じた。倭人伝に「有三千許家（三千ばかりの家有り）」とあり、15000人居住が推定されている。船泊まり・倉庫・外交使節接客棟・通訳棟等が想定配置されている。卑弥呼は壱岐経由で中国に使者を複数回派遣した。

二三〇年後の四六二年百済中興の祖、武寧王が旅先の壱岐対岸加唐島で生まれたとされる。その二〇〇年後の天智二年六六三年白村江《はくすきのえ》の戦いは、倭国・百済遺民連合軍と、唐・新羅連合軍との戦いであった。百済に加勢するほど、九州ネシアを経由して韓半島諸国との間に強くて深い交流があった証左でもある。その敗戦を受けて対馬・壱岐は防人の島としての役割を担った。朝鮮式山城遺構金田城《かねだのぎ》や、のろし台遺跡等が今に残っている。のろしは壱岐・馬渡島・松浦半島を経由して奈良に達した。対馬は元寇、満州族刀伊の入寇、朝鮮による康応・応永の外寇などで侵略を受け、倭寇や三浦《さんぽ》の乱、文禄・慶長の役等での侵略拠点まさに国境島であった。

元寇遺跡に関しては、鷹島沖等で水中考古学調査成果が最新機器により積み上げられており、成果の全国巡回展示も始まっている。鷹島は今やモンゴルとの交流起点であり、二〇〇九年佐賀県側からの架橋が実現した。元寇終結後の三島倭寇は、対馬・壱岐・五島を含む松浦半島近辺の島々の話である。元寇によって壊滅的被害を受け、当座生活に窮し復興策の一つとして倭寇勢力は台頭した。その後海賊はむしろ限定的となり、私貿易、密貿易を行う貿易商活動を主とし、前期倭寇は高麗人も含んだ混合部隊となる。朝鮮半島での狼藉に対しては海岸部防衛に苦慮した朝鮮軍が尾崎浦等対馬拠点を襲う事態も発生した。李氏朝鮮は倭寇に対する対策のため鬱陵島（日本名竹島・問題の竹島は松島と呼ばれていた）などの島から住民を本土に移動させる無人島策をとった。ここから日本人無断開拓や鳥取藩（誤認の）公認開拓が始まり、それが今日に至る竹島問題（領土宣言時に意図的に松島を竹島と呼んだ混乱）の伏線となっている。竹島問題は、五島肥前鳥島沖の日韓取引とも絡んでいる。

幕末期緊張が対馬を走った。一八六一年露国艦は船修理を装って浅茅湾芋崎（現海上自衛隊基地近傍）に兵舎・工場・練兵場などを建設。江戸期に開削された運河、大船越の水門警備兵を銃殺、2名の郷士を拉致連行した（1名は舌噛自害）。半年間にわたり番所襲撃や武器強奪、住民（数名）拉致、牛7頭強奪、１００余人での大船越村略奪などを起した「ポサドニック号事件」である。幕府対応が手間取ったが、英国艦船による示威行動を受けて、「夷をもって夷を制する」事態となったが、裏に英国による対馬租借計画もあった。これに関連して一八八五年英国艦は対馬西方の韓国巨文（コムンド）島を2年間占拠しハミルトン島基地とした。当時無人島であったため衝突はおきず、米・中・朝鮮が絡んで、外交的解決を得た。その後山口県網元等による一大水産基地となり、日韓友好上でも大切な島となった。和風旅館が今も残る。対馬沖は日露戦争の舞台になった。対馬島民による漂着露国兵への救助救援は心のこもった大掛かりのものであり、碑に記され、救命井戸も史跡保存されている。

対馬当主宗家は長きにわたり対朝鮮関係の調整にあたり、時には騒乱に関与した。例えば一五一〇年三浦《さんぽ》の乱は、日本使節の接待と貿易のために倭館の置かれた朝鮮の三つの港（三浦）で、恒居倭（朝鮮在留日本人）に従来認められていた種々の特権が縮小されたことと貿易抑制に耐えかねてのものであった。宗軍4～5千人が派遣された。事件後一五一二年永正条約で対馬島主歳遣船の半減、境界内支配強化が言い渡された。それでも交易拠点・公的立場尊重が認められた。倭寇対策も実ると一五五七年弘治条約で交易は隆盛を迎え、朝鮮から琉球までを往復する対

写真６　日露戦役露兵救命の井戸

写真７　文久元年魯寇之跡碑

（露軍艦泊留地跡、標柱後ろが井戸）

写真８　魯寇井戸

（6ヶ月360人居住地、幕府は破却を命じたが井戸は残った）

馬商人も生まれた。近世でも緊張関係の修復、交易の再開、倭人居住地の新設、公式交流の開始で、対馬は「外交拠点」展開をしていく。朝鮮通信使の果たした二〇〇余年の平和寄与は国際的にも稀かつ重要である（ユネスコ世界記憶遺産登録への日韓共同提案も期待されている）。案内・打合せ・調整・同伴案内役等で、対馬藩の役割は重く、肥前・筑前・下野2万石を加封された。対馬は琉球並みの国境利益実現の地であった。

明治維新以降、国家フロンティアとしての「外交・貿易の特権」が無くなり、大陸往復の主要航路からも外され、国防最前線に専念する防人島の再来となった。対馬海峡は諸外国も注目する重要防衛地点であった。朝鮮併合により「国境」が消えて以降、北部中心地比田勝は、南部中心地厳原に行く半分の距離で釜山と海路で繋がったことから、買い物娯楽等も直接釜山と結びつき、台湾と与那国のような密接な関係が生じた。

一方、要塞島として陸路網は意図的制約を受け、村落間は沿岸船舶交通で繋がれる状態が戦後も続いた。終戦で国境最前線に戻り、再末端地となる。島内南北縦貫道路完成は一九六八年と遅れた。明治末期・大正初期福岡県への転県運動が起きた。一九四六年にも対馬総町村組合会総会で「転県決議」がなされた。県庁等への距離、直通路欠如、利便性欠如が最大の理由であった。壱岐対馬は一九六八年国定公園指定を受けている。

【佐賀・福岡・大分・宮崎の島々】大陸と近い九州属島群は玄海灘の島々である。二〇〇九年宗像大社（辺津宮）・宗像大島（中津宮）・沖ノ島（沖津宮）の三宮（宗像三女神を祀る）と沖津宮遥拝所（大島）・沖ノ島全体が「宗像・沖ノ島と関連遺産群構成遺産」として世界遺産暫定リストに追加掲載された。辺津宮から11㎞で中津宮、さらに49㎞で沖津宮と直線状で、そのまま１４５㎞で朝鮮半島釜山に向かう。沖津宮から50㎞同心円を書いても周辺は岩礁しかない。特に中国・朝鮮の歴代王朝との交流海上路にあり、海の交通の要衝であった。

島全体が御神体で、４～９世紀まで石舞台古代祭祀がなされた。存在感のある聖地で、

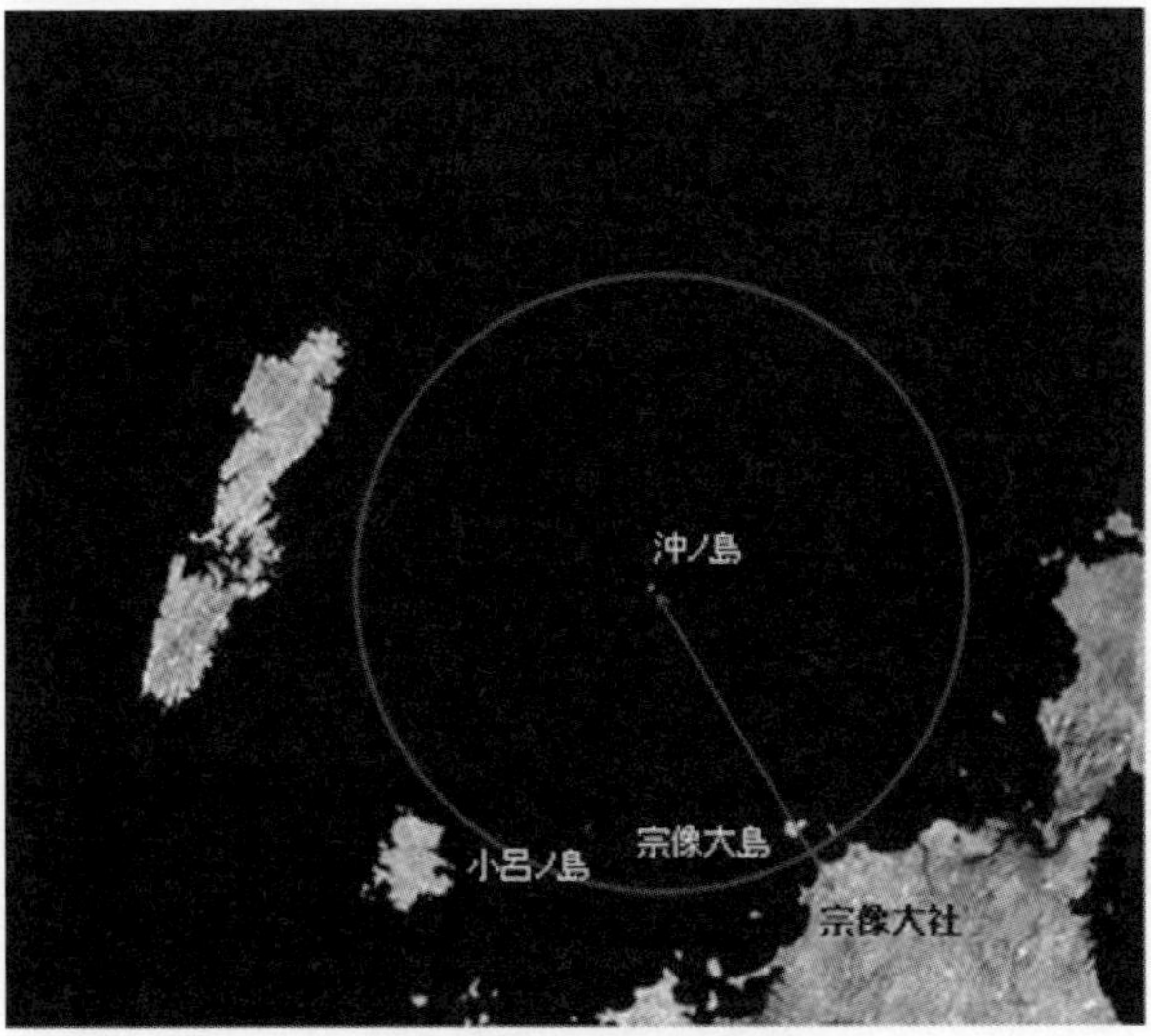

図12　沖ノ島位置図

出土品等は一括して国宝で、海の正倉院とされる。宗像大社は全国弁天様の総本宮で、裏伊勢とも呼ばれる。十月の秋季大祭みあれ祭では桁違いの漁船群が色とりどりの旗・幟で海上神幸パレードを行う。全国屈指の海祭り島（神迎え）祭りである。

沖ノ島渡島は五月二七日日本海海戦記念日に現地大祭があり抽選２００名が海中禊後の上陸を許可される。沖津宮神官が海戦始終を（民間人でほぼ唯一）目撃したことに因んでいる。沖津宮日誌に仔細が記されている。女神嫉妬で女人禁制だが、厳重なのは鳥居より上で、船着き場や岩場での漁撈は厳しくないとも聞いた。世界遺産審議で話題に上るであろう公開事案である。

写真９　沖津宮神官

（「海の正倉院」かつ聖域）

志賀島は魏志倭人伝に因む金印が発掘された島である。加唐島近くの神集島も「神功皇后」伝説の地である。秀吉朝鮮出兵の名護屋城とも近い。佐賀馬渡島（隠れキリスタンの島でもある）も元寇で大きな被害を受けた。元寇遺跡の東端は福岡相島《あいの》（藍島とも書かれるが同名別島が北九州市にある）で日蒙供養塔が立つ。朝鮮通信使は、必ずここに寄港。黒田藩は客館・制札所を設けた。発掘が進み、史跡地体裁が整ってきた。相島には、5～7世紀の海人族の墓とされる積石塚群がある。

大分県姫島は、黒曜石の島である。姫島神楽は、八八六年から続く4年に一度の行事で、山口祝島神舞神事にも招かれる。大分側神職漂着救助へのお礼に端を発している。姫島はクルマエビ養殖発祥の地であり、缶類デポジットを一九八〇年代から続けている島でもある。

保戸島は一八九一年起源の遠洋マグロ漁業の島で、現ミクロネシア連邦海域やマーシャル諸島海域まで航海を続けた。最盛期には１６０隻を数えた。今は業種転換で外航貨物船船員になる人もいる。黒島は先述の三浦按針漂着の島である。宮崎県延岡市の島野浦島は全国屈指の水産・漁業基地であるが、江戸期は風待ち・潮待ち港の島であった。

南島は九州経由で上方や江戸と繋がった。山川港には琉球館があり、５００人の琉球人墓地がある。薩摩から上方へは無論豊後水道・瀬戸内経路が最短であるが、海賊跋扈地でもあった。航海術・文化イベント事情からか、一六三四～一八五〇年18回行われた「江戸上《のぼ》り」別名「琉球使節」は、長崎・下関経由で瀬戸内に入るルートをとった。

平家落人伝説はどうか。下関壇ノ浦から直接の南下事例は稀で、大分県宇佐市院内、宮崎県椎葉村程度で、西九州経由南下が大多数をしめた。宇久島で平家盛が領主となり宇久氏を名乗り、後の福江藩主五島氏になったと伝えられている。対馬宗家が新中納言平知盛の末裔とする説もある。種子島には平《たいら》姓も多く、種子島家重鎮に関係筋がいたとされる。三島村硫黄島には安徳天皇が落延び子孫代々居住説もある。黒島には平家城があり、源氏平家関係者の恋仲伝説と、南逃亡説がある。口永良部島や十島中之島にも経由地・見張場伝説がある。奄美喜界島も平家上陸の地跡があり、平家七城跡、平家森（城跡）もある。平資盛・平有盛・平行盛が3年間喜界島に潜伏した後の奄美大島合流伝説があり、関連史跡や神社も多い。加計呂麻島諸鈍の資盛を祀る大屯《おおちょん》神社の「諸鈍しばや」は国指定重要無形文化財で平家関連伝承芸能が継承されている。集落人が担ってきたが、過疎化のため小中学教諭と学生達（集落外者も含む）がその後継補佐役を務めている。

Ⅶ　列島を活かした地域振興

【脱内向き離島論】九州群島自体多島域をいくつか持つ。島々も九州本土とだけ関わったわけではない。島伝いに結びつき、東洋・西洋先進文化・文明受入地にもなった。海路と島位置は、歴史的な役割を替え、陸上交通革命による「離島化」への流れの下で、島伝い・外域との直接関係性が断たれ、従前のダイナミズムは見失われかけている。この内向き九州離島論を転換する、拡大＝広域連携列島展開に向けた新たに動きが数々ある。

【世界区列島新展開】対馬は国境離島として、韓国人観光客を10年で10倍、二〇一三年には18万人（人口比5・5倍）が訪れる島となった。釜山には朝鮮通信使資料館（ユネスコ記憶遺産候補施設の一つ）が常設され、名護屋城博物館にも韓国人職員が配置されている。列島北境界では済州島を中心とする海女技術・文化の世界遺産登録運動が活発であり、日韓共同提案を目指し活性化している。国際島嶼学会・日本島嶼学会の関係でお手伝いしている案件である。日韓海底トンネル構想は戦前からある。日韓議員団、時に首相クラスも加わっての推進活動が続いている。釜山・巨済島から対馬・壱岐・松浦半島を結ぶ。大陸横断高速鉄路も視野に入れている。

平戸・ハウステンボス・出島の対西欧関係拠点は、「天草コレジヨ（宣教師養成学校）」・グーテンベルグ式金属活字印刷機・種子島鉄砲伝来ともつながる。ユネスコ世界遺産（自然・歴史・

文化・無形文化財）、ユネスコＭＡＢ（Man and Bio-sphere 人自然圏管理地：エコパーク）・ジオパーク、ラムサール条約指定とその候補は、宗像沖ノ島、長崎軍艦島（端島）、天草・五島キリスト教会群、近代化遺産群（九州本土沿岸）を経て、甑島トシドン、霧島錦江湾（桜島）・三島硫黄島ジオパーク、屋久島・口永良部、奄美大島・徳之島・沖縄本島ヤンバル・西表島、琉球グスク群、慶良間諸島、琉球諸語（奄美語・国頭語・沖縄語・宮古語・八重山語・与那国語）と続く。隣国珍島には３つの無形世界文化遺産があり、済州島の火山も世界自然遺産に登録されている。世界クラスの繋がりの島々である。その島々を結ぶ「列島クルージング」時代が訪れたとしても不思議でないし、既に一部動きがある。

【連結手段イノベーション】航空機料金にも改善がみられる。格安航空会社（ＬＣＣ）の奄美大島への乗り入れによって、顧客層の変化と増加が始まっている。三島村硫黄島の村営飛行場も健在で、定期便検討も始まっている。屋久島への大阪・福岡からの直行便もできた。トカラ列島への船便も、必ず名瀬港に立ち寄るようになった。工夫次第では、伊豆諸島（東京都島嶼振興公社）で実現している、各島連絡のヘリコプター定期便も夢ではない。屋久島又は種子島を起点にすれば、三島・口之永良部・トカラ列島・奄美大島、奄美大島から与路島・請島経由で、徳之島への世界自然遺産直行ルートもありうる。

【新産物・新流通】江戸期以降日本人口を支え、凶作危機を救ったサツマイモ伝来も、九州広域列島経由（首里・種子島・山川・長崎）の物語である。最近ジャガイモに関して、この南北列島性を活かしたリレー出荷も始まっている。出荷時期を調整することで、価格保持・安定供給で、ポテトチップス大手企業の鹿児島立地を実現している。花卉・園芸作物でも、大型貨物船が毎日島を繋ぐ列島スケールメリットで、離島ハンディを克服してきた。水産物も電磁波利用急速冷凍長期保存技術により、他の貨物同様のスケールメリットを発揮しやすい環境条件が整ってきた。温帯・亜熱帯境界地域は温室を用いる必要が少なくコストを下げられ、露地栽培物は育ちから来る強さと日持ちの良さがある。八丈島が日本一の出向と世界向け輸出挑戦を誇ってきたが、種子島も同等の地位を得ようとしている。地域挙げての取り組みでブランド力も付いてくる。列島性・群島性の強みはやり方次第で発揮される。

【新シマおこし運動】沖縄県の離島と本島域（集落＝シマ：水系を同一にする最小生活共同単位）を対象とするシマおこし運動が展開されたことがある。一九八三年から少しお手伝いしたが、地域の産品・文化・暮らしを見直し、「地域アイデンティティ」の確立を目指す運動であった。地域主義者の玉野井芳郎沖縄国際大学教授（前東京大学教授）、グローカル（Ｇｌｏｂａｌ＋Ｌｏｃａｌ）「地球規模的に考えて地域で行動する」理念提唱者清成忠男（中小企業論）前法政大学総長、そして地域素材の健康性を立証する尚弘子元琉球大学教授（元沖縄県副知事・琉球王家））等の学者集団が中心的に関わった。沖縄開発庁・沖縄協会・地域マスコミ・地域開発センター（全国月刊誌活動報告・資金調達・運営支援）が関わり全国成功事例ゲストを呼び、地元報告者も多数立てて討論をし、専門家がアドバイスして、行動に移す手助けをした。黒砂糖工場の保持・商品化促進等多々成果を残した。まさに「地域アイデンティティ運動」であった。

私が夢見るのは、小規模・細々で構わない。同様運動の脈々・永久継続である。島に拠点を置き、島を繋いだ工夫は、光通信の時代、以前より軽々と、垣根を越えうるはずである。若い世代がハードルを下げ続けてくれることを期待する。口永良部島には

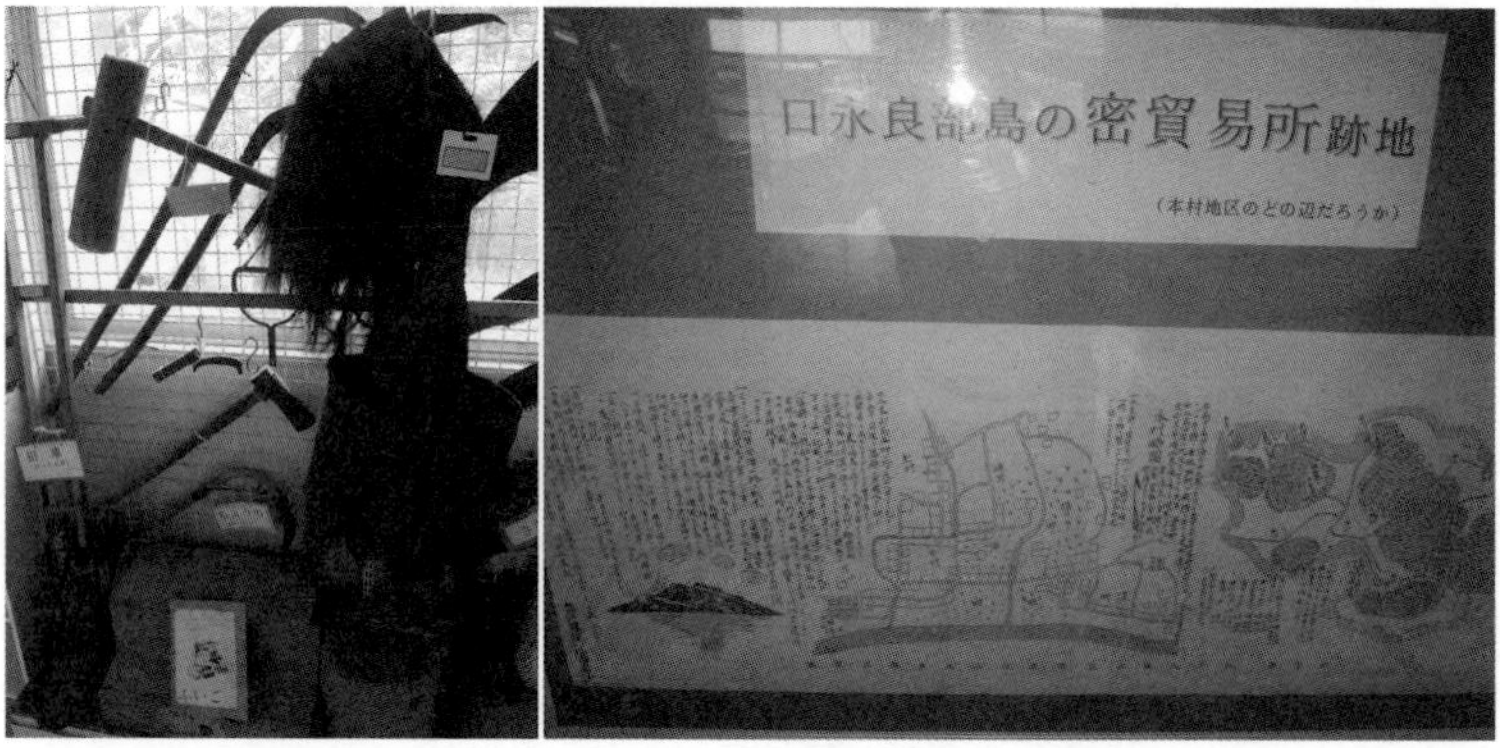

写真 10　口之永良部金岳中学校の廊下博物館

（自島自問自学装置である）

若者による「振興協議会」があり、「子々孫々の口永良部島を夢見る えらぶ年寄組」がある。その小中学校廊下には高齢者学級がかつて始めた「郷土歴史資料館」がある。道具・標本・作品・印刷物・報道物コピーが常時展示されている。島のことを島人が知り、島で学びつつ育つ理想がそこにある。出る杭を育てる大人や老人がいる。成功例の島や本土・他島も知り、繋がり合うことでより良い島らしさを磨いていける。「ネシアエンパワメント」システム作りは、島サポーターの関与意欲をも引き出す。二〇一三年地元主体性を目指す「屋久島学（楽）ソサイティ」も出来た。宮沢賢治的に言えば「そういう島人に私はなりたい！！」「そういう島と関わりたい！！」。「そういう人たちによる九州広域列島」を年寄組同様に「夢見る」ものである。

【ネシア連携】「九州広域列島」「九州群島（本島属島群）」「九州ネシア（本島組み入れ）」と3つの捉え方を提唱した。脱国内限定視座も必要だが、今後国際的注目度が高まる空間にすらなる。

島から働きかけなくても、人々の来訪や関心が高まる。その絶好の機会をとらえて、自らのエンパワメントや、意義深い交流を図る。そのためには、自らが動く自覚と合わせ、地域が必要としている内容・方向性、具体的被支援ニーズ表明が必要になる。「被支援能力（これも自律条件の一つである）」は被災時のみではなく、常時問われる。当事者が発信しない限り、ニーズとサプライ（支援）のギャップは埋まらない。アイランダー間連携を深めたいのであれば、他島事情把握から見えるニーズに率直である必要がある。共通性の中に違いが見える時こそ、スタートとなる。共通性中の多様性を知る、過去からの蓄積を知る、繋がりの持続可能性を探る。接触可能性

写真 11　識名園

（ユネスコ世界遺産。万国津梁［架け橋］の地は図 13 地域と繋がっていた。琉球王家別邸で冊封使接待等に利用した）

が高い近隣を見る。交わり伝える前に自分自身を知る。九州広域列島の多様な地点に足をおき、島連なりの可能性を多次元で構想・夢想する。「ネシア」枠を超える場合も同様である。その広がりを図13に作図してみた。あえて南北を逆転している。各ネシア内に個別の個性島がある。半島や大陸とは過去からの繋がりがある。過去は海を隔ての行き来だが、今や空と電波で、同時的やり取り・交流が可能である。しかしどの場合も、五感六感での現場認識が、より確かな足元となる。知識・交流・実践はそれを補う。視座と展開を全地球の島々に向けても良い。島（本土も島）発の挑戦者に期待したい。

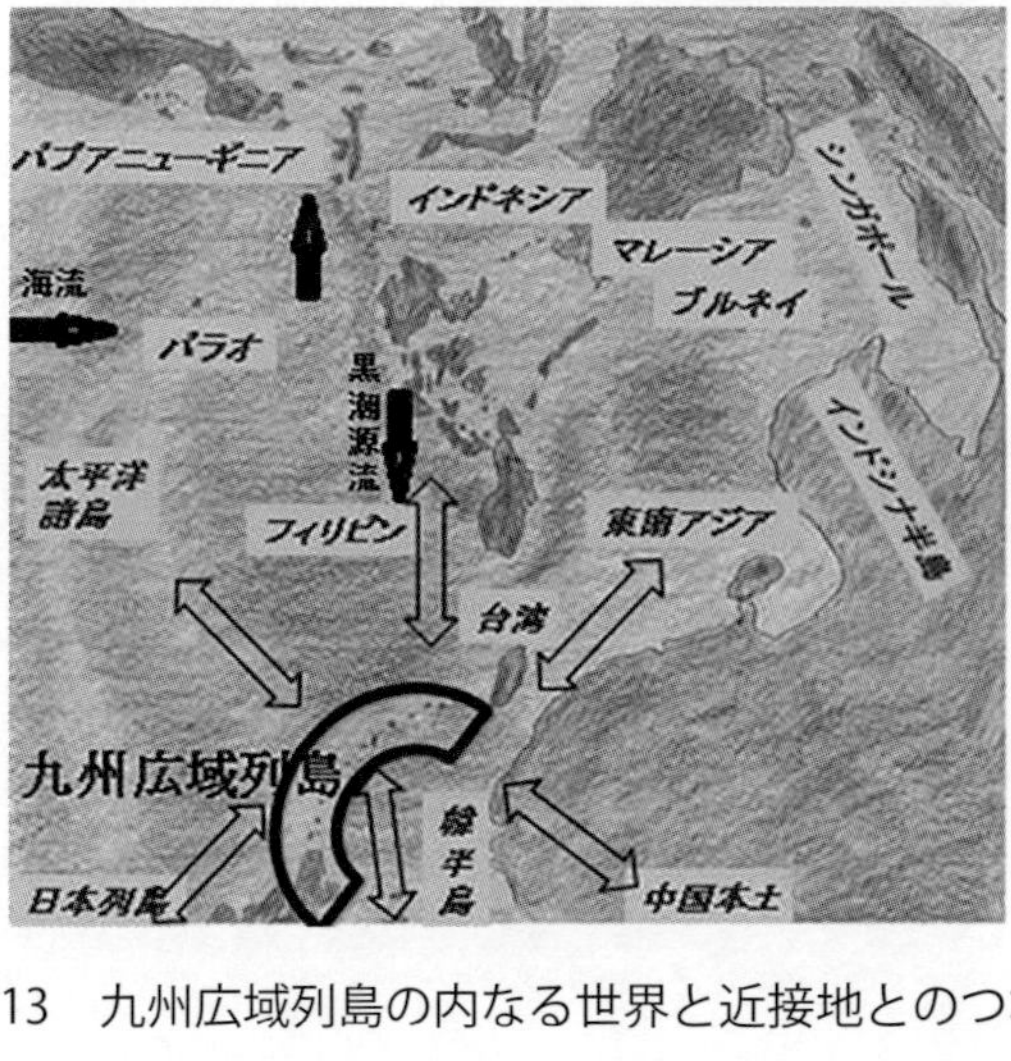

図 13　九州広域列島の内なる世界と近接地とのつながり

ウイリアム・スミス・クラークが一八七七年日本を去るに当たり残した言葉を摸して言えば
Everybody can be an Islander, and Islanders be Ambitious, like this old Islander!!!
［アイランダーとは、島人・島出身者のみならず島サポーター・島愛好家をもさす］

Ⅷ　参考文献

山田静夫『遥かなる海上の道～日本人の源流を探る黒潮文化の考古学』青春出版、二〇〇二。

高宮広土『島の先史学～パラダイスではなかった沖縄諸島の先史時代～』ボーダーインク、二〇〇五。

谷川健一『甦る海上の道・日本と琉球』文芸春秋、二〇〇七。

谷川健一『琉球弧の世界』三一書房、一九八一。

外間守善『沖縄の歴史と文化』中公新書、一九八六。

荒野泰典・石井正敏・村井章介編『日本の対外関係Ⅰ東アジア世界の成立』吉川弘文館、二〇一〇。

荒野泰典・石井正敏・村井章介編『アジアの中の日本史Ⅲ海上の道』東京大学出版会、一九九二。

大石直正・高良倉吉・高橋公明『周縁から見た中世日本』講談社、二〇〇一。

菊池勇夫・真栄平房昭編『列島史の南と北』吉川弘文館、二〇〇六。

村井章介・佐藤信・吉田伸之編『境界の日本史』山川出版社、一九九七。

豊見山和行・高良倉吉編『琉球・沖縄と海上の道』吉川弘文館、二〇〇五。

佐伯弘次編『壱岐・対馬と松浦半島』吉川弘文館、二〇〇六。

永留久恵『対馬国志（第1～3巻）』対馬国志刊行委員会、二〇〇九。

小松津代志『辺要～壱岐対馬防人史～』（私費出版）、二〇一〇。

松下志朗・下野敏見編『鹿児島の湊と薩南諸島』吉川弘文館、二〇〇二。

下野敏見『南日本の民俗文化（全25巻）』南方新社、二〇〇九。

全国離島振興協議会『離島振興30年史（上・下巻）』、一九九〇。

玉野井芳郎『地域主義からの出発』学陽書房、一九九〇。

岩下昭裕編『日本の国境・いかにこの「呪縛」を解くのか』北海道大学出版会、二〇一〇。

長嶋俊介・福澄孝博・木下紀正・升屋正人『日本一長い村トカラ』梓書院、二〇〇九。

藤枝繁・小島あずさ・兼広春之「ディスポーザブルライターを指標とした海岸漂着ごみのモニタリング」廃棄物学会誌、一七、二一七―二二四、二〇〇六。

長嶋俊介（ながしま　しゅんすけ）

［著者略歴］

佐渡島生まれ。

京都大学農学部農林経済学科卒。会計検査院（経済職）。

筑波大学大学院経営政策科学研究科修了。

奈良女子大学大学院人間文化研究科教授を経て、2003 年 10 月から鹿児島大学国際島嶼教育研究センター（改組前：多島圏研究センター）教授。

自称アイランドコレクター（世界マニア語となった）。国内全有人島・世界全島嶼国踏破。

［主要著書］

『水半球の小さな大地～太平洋諸島民の生活経済～』同文舘出版、1987 年
『「豊かさ」の生活学～新しいライフスタイルへの発想～』ＰＨＰ研究所、1990 年
『島　日本編』講談社、2004 年（共著）
『日本一長い村　トカラ～輝ける海道の島々～』梓書院、2007 年（共著）
『世界の島大研究 - 地球の多様性がよくわかる／自然・くらしから環境問題まで』ＰＨＰ研究所、2010 年（監修）

鹿児島大学島嶼研ブックレット　No.2

九州広域列島論
～ネシアの主人公とタイムカプセルの輝き～

2015 年 3 月 16 日　第 1 版第 1 刷発行
2015 年 4 月 27 日　　〃　第 2 刷　〃

著　者　長嶋　俊介
発行者　鹿児島大学国際島嶼教育研究センター
発行所　北斗書房
〒132-0024　東京都江戸川区一之江 8 の 3 の 2（ＭＭビル）
電話 03-3674-5241　FAX03-3674-5244
URL　http://www.gyokyo.co.jp

定価は表紙に表示してあります

ISBN978-4-89290-031-0 C0039